现代农业产业园

政策要点及实操案例详解

陈青松　彭亮　吴莹◎编著

中国市场出版社
China Market Press

图书在版编目（CIP）数据

现代农业产业园：政策要点及实操案例详解 / 陈青松，彭亮，吴莹编著. —北京：中国市场出版社有限公司，2021.11（2024.01重印）
ISBN 978-7-5092-2126-6

Ⅰ. ①现… Ⅱ. ①陈… ②彭… ③吴… Ⅲ. ①现代农业-农业园区-案例-中国 Ⅳ. ①F323

中国版本图书馆CIP数据核字（2021）第209412号

现代农业产业园：政策要点及实操案例详解

XIANDAI NONGYE CHANYEYUAN : ZHENGCE YAODIAN JI SHICAO ANLI XIANGJIE

陈青松　彭亮　吴莹　编著

责任编辑：许寒　白琼
出版发行：中国市场出版社 China Market Press
地　　址：北京市西城区月坛北小街2号院3号楼（100837）
电　　话：（010）68040722
印　　刷：北京捷迅佳彩印刷有限公司
规　　格：170毫米×240毫米　16开本
印　　张：15.75　　**字　　数**：179千字
版　　次：2021年11月第1版　　**印　　次**：2024年1月第2次印刷
书　　号：ISBN 978-7-5092-2126-6
定　　价：68.00元

前 言

我国农业该如何发展? 总体思路是推进农业供给侧结构性改革，抓手就是“三区三园”。“三区”指的是粮食生产的功能区、重要农产品的保护区和特色农产品的优势区，“三园”指的是现代农业产业园、科技园、创业园。

相比传统的产业园区，集生产、加工和科技于一体的现代农业产业园是现代农业的展示窗口，是农业科技成果转化的孵化器，是生态型安全食品的生产基地，是现代农业信息、技术、品种的博览园，是提高农村经济效益和农民收入的必然选择。

建设现代农业产业园有着重要的意义：一是在促进农业产业结构改革、发展农村经济、改善农村生态环境等方面，现代农业产业园发挥着典型示范引领作用。二是成为现代农业的抓手。依托现代农业产业园区这一载体，生产、加工加科技，推动资金、土地、人才、信息、科技等先进的农业生产要素向园区集中、优势产业向园区集聚，推进现代农业产业化和三次产业深度融合。三是现代农业产业园创造更多农民就业增收机会，促进内生可持续发展，为实现乡村振兴提供有力支撑。

新形势下推进现代农业产业园建设，要坚持高起点、高标准、高水平，突出产业特色、要素集聚、质量效益、辐射带动，集中打造一批乡村产业振兴样板区。重点是科学规划布局，加快构建国家、省、市、县现代农业产业园建设体系；推进全产业链建设，把产业园打造成三次产业融合的先导区；强化科技支撑，把产业园打造成先进技术装备研发应用高地；突出优质安全，树立质量兴农、绿色兴农、品牌强农新标杆；创新联农带农方式，让农民有更多幸福感获得感。

2017 年以来，在党中央、国务院部署下，农业农村部、财政部持续推进国家现代农业产业园创建工作，批准创建了 151 个全产业链发展，现代要素集聚的国家现代农业产业园。中央财政通过先建后补、以奖代补等方式对批准创建的产业园给予适当支持，产业园区可以获得政策性贷款、水电路补贴、农机购置及更新补贴、土壤改良及提升补贴、基建补贴等红利。151 个国家现代农业产业园平均产值达 75 亿元，其中 15 个超百亿，一批建设比较好的产业园取得了实实在在的成效，为当地的产业振兴发挥了重要作用。

申报创建国家现代农业产业园，需要满足主导产业特色优势明显、规划布局科学合理、建设水平区域领先、绿色发展成效突出、带动农民作用显著、政策支持措施有力、组织管理健全完善等多项条件。

本书对现代农业产业园的现实背景、重要意义、主要特征、建设路径、扶持政策、推进情况等重点问题进行了论述和剖析，同时结合现代农业产业园典型案例做了详细解读。本书不仅有笔者实践操作现代农业产业园的经验体会，而且汇集了多个成功的现代农业产业园典型案例。

本书对掌握现代农业产业园发展现状、实践操作及未来前景具有重要的参考价值，对行业人士研究、申报现代农业产业园具有较大的借鉴意义。

本书可供相关政府决策部门、社会资本、金融机构和咨询服务机构等现代农业产业园参与主体，以及研究、运作现代农业产业园的专家学者、企业高管等广大群体参考使用。

2021 年 10 月

目 录

第1章

国家大力推广现代农业产业园

1.1　建设现代农业产业园的现实背景

建设现代农业产业园具有深刻的现实背景。

1. 农业的重要地位

作为国民经济的基础产业，农业的地位不言而喻。

近年来，我国大力发展农业，连续十多年的“中央1号文件”[1]都是针对农业，重点是扶持、支持农业发展。

为什么多年来“中央1号文件”一直聚焦“三农”并且强调坚持

[1] “中央1号文件”原指中共中央每年发布的第一份文件。1949年10月1日，中华人民共和国中央人民政府开始发布《第一号文件》。1982年至1986年，中共中央连续5年发布以农业、农村和农民为主题的“中央1号文件”，对农村改革和农业发展作出具体部署。2004年至2019年又连续16年发布以“三农”（农业、农村、农民）为主题的“中央1号文件”，强调了“三农”问题在中国社会主义现代化时期“重中之重”的地位。现在“中央1号文件”已成为中共中央重视农村问题的专有名词。

农业农村优先发展？全国人大农业与农村委员会主任委员陈锡文认为，“中央 1 号文件”一直聚集“三农”，强调农业农村优先发展，有两个方面的重要原因：一是由中国的特殊国情和我国现在面临的经济社会发展任务所决定。中国的国情就是人口多，作为世界人口第一大国，总人口达 14.1 亿，要保障人民能够吃饱吃好吃得营养吃得健康，农业承担着十分艰巨的任务，粮食是整个经济社会发展的压舱石。二是我国城镇化水平持续提高，但还有很长的路要走。根据国家统计局 2020 年数据，我国有近 5.1 亿农村人口。我们全面建设社会主义现代化国家，既要建设繁华的城市，也要建设繁荣的农村，促进农民农村共同富裕。

2. 当前我国农业的发展现状

不可否认，经过多年的努力，我国农业取得了历史性的突破，成绩显著。然而，我国农业也面临着一系列现实的问题，比如地区发展不平衡、生产方式粗放、科技水平较低、经营规模较小以及农业基础设施较差等。

当前，我国农业现代化已进入全面推进、重点突破、梯次实现阶段。一是综合生产能力迈上新台阶，农业物质技术装备达到新水平，适度规模经营呈现新局面，产业格局呈现新变化，农民收入实现新跨越，典型探索取得新突破。二是我国农业已进入发展动力升级、发展方式转变、发展结构优化的时期，主要表现为：居民消费结构升级，部分农产品结构性失衡；资源环境约束趋紧，农业发展方式粗放；国内外农产品市场深度融合，农业竞争力不强；经济发展速度放缓，农民持续增收难度加大。

具体来说，我国农业正在发生深刻的变化，主要体现在以下两个方面：

（1）传统农业加速向现代化农业转变。

随着大数据、互联网、物联网、人工智能等高科技的快速发展和人民生活水平的日益提高，传统的粗放型农业生产方式以及农产品质量已经无法满足市场的需求。因此，未来在科技发展和市场需求的有力推动下，我国传统农业将加速向现代农业转变。

（2）以家庭为单位的经营模式将逐渐被打破。

我国是传统的农业国，长期以来，以家庭为单位的种植和养殖业由于资金不足、技术不高、规模不大、信息不畅等，导致生产和销售成本高，竞争力不强，市场抗风险能力低，效益不高。因此，未来农业生产规模化、科技化、产业化是大势所趋。

在此背景下，我国农业该如何发展？总体思路就是推进农业供给侧结构性改革，抓手就是“三区三园”。“三区”指的是粮食生产的功能区、重要农产品的保护区和特色农产品的优势区，“三园”指的是现代农业产业园、科技园、创业园。

在充分了解现实农村经济社会发展中突出的问题后，国家有针对性地提出建设现代农业产业园这一先进的农业发展观念，并在一定的区域内实施规划、建设、生产、经营，从而真正把农业生产、加工和科技发展联系在一起，促进农业产业化、科技化和品牌化。

建设现代农业产业园有着重要的意义，主要表现在以下四个方面：

（1）发挥典型示范引领作用。

相比传统的产业园区，集生产、加工和科技于一体的现代农业产业园区是现代农业的展示窗口，是农业科技成果转化的孵化器，是生态型安全食品的生产基地，是现代农业信息、技术、品种的博览园，是提高农村经济效益和农民收入的必然选择。因此，在促进农业产业结构改革、发展农村经济、带动农民增收、改善农村生态环境等方面，现代农业产业园发挥着典型示范引领作用。

（2）成为现代农业的抓手。

农业要强、农村要美、农民要富，最根本的实现路径是农业的现代化，而现代农业产业园区的核心要义就是“现代”。也就是说，现代农业产业园是现代农业发展的重要载体和抓手。借鉴工业园区的经营管理理念，依托现代农业产业园区这一载体，聚合生产、加工和科技创新发展，推动资金、土地、人才、信息、科技等先进的农业生产要素向园区集中、优势产业向园区集聚，推进现代农业产业化和一二三产业深度融合。

（3）突出农业的规模优势。

小规模、零散经营在我国农业经济中所占比重大，农业发展水平低，农业生产效率不高，这是农村经济发展中存在的突出问题。我国的基本国情农情是人多地少，“人均一亩三分地，户均不过十亩田”。从现阶段来看，以小农户为主的家庭经营是中国农业经营的主要形式，也是中国农业发展必须长期面对的现实。第三次农业普查数据显示，全国小农户数量占到农业经营主体的98%以上，小农户从业人员占农业从业人员的90%，小农户经营耕地面积占总耕地面积的70%。普查数据显示，全国有2.3亿户农户，户均经营规模7.8亩，经营耕地10亩以下的农户有2.1亿户。在一些西南地区的丘陵山区，不但户均经营规模小，地块也特别零散，比如四川省每户地块在十块以上，平均每块地只有 0.4、0.5 亩。

中国建设现代农业的前进方向和必由之路是发展多种形式适度规模经营，培育新型农业经营主体；而现代农业产业园的特征正是坚持城乡统筹，倡导开门办园、“有边界，无围墙”，打破区域界限，突出规模优势，走农业区域化布局、一体化经营、合作化生产的路子。

（4）全面助力脱贫攻坚。

现代农业产业园具有技术先进、产业集聚、规模化、一二三产业融合、经济效益高、解决劳动力就业等特点，主要表现在：一是农产品的质量高、市场竞争力强，农业生产效率高；二是通过龙头企业带动，资金、技术、人才、信息集聚，成为农业产业化发展的驱动力；三是促进产业升级，不断吸纳农民成为产业工人。创建发展现代农业产业园，将提升当地 GDP 总量，解决农村人口就业，对周边商贸物流形成带动作用，成为人流、物流、信息流中心，带动相关配套产业的发展，提升第三产业产值，从而促进农村经济发展，全面助力脱贫攻坚。

总的来说，推广现代农业产业园，就是要为中国特色农业现代化发展树立新标杆，为引领农业供给侧结构性改革搭建新平台，为培育农业农村经济发展新动能探寻突破口，为农民持续增收探索新机制，为推进城乡一体化发展开辟新途径。

3. 国家现代农业产业园创建推广工作有序开展

目前，我国正在大力发展现代农业，现代科学技术日新月异，大数据、云计算、物联网、人工智能与农业生产、加工、经营结合得越来越紧密。因此，发展现代农业产业园可以促进我国现代农业快速发展。

自 2017 年以来，我国不断推进现代农业产业园创建和发展，且取得了明显的成绩。

2017 年 3 月，农业部和财政部发布《关于开展国家现代农业产业园创建工作的通知》(农计发〔2017〕40 号，以下简称《通知》)，指出国家现代农业产业园是在规模化种养基础上，通过“生产 + 加工 + 科技”，聚集现代生产要素，创新体制机制，形成了明确的地理界限和一定的区域范围，建设水平比较领先的现代农业发展平台，是新时期中央推进农业供给侧结构性改革、加快农业现代化的重大举措。《通知》明确了 2017 年国家现代农业产业园创建工作重点 (表 1–1)。

表 1–1　2017 年国家现代农业产业园创建工作重点

序号	主要方面	具体内容
1	重大意义	(1) 为引领农业供给侧结构性改革搭建新平台，有利于在更高标准上促进农业生产、加工、物流、研发、示范、服务等相互融合，激发产业链、价值链的重构和功能升级，促进产业转型、产品创新、品质提升，创造新供给、满足新需求、引领新消费，提高农业供给质量和效益。 (2) 为培育农业农村经济发展新动能创造新经验，有利于在更深层次上吸引和集聚土地、资本、科技、人才、信息等要素，加快改革举措落地，创新发展体制机制，打通先进生产力进入农业的通道，全面激活市场、激活要素、激活主体，促进产业集聚、企业集群发展，发挥引领辐射带动作用，形成农业农村经济发展新的动力源。

续表

序号	主要方面	具体内容
1	重大意义	（3）为探索农民持续增收机制开辟新途径，有利于在更大范围内发挥政策优势和服务优势，为中高等院校毕业生、农民工等开展规模种养、农产品加工、电商物流等创业创新提供“演练场”和“大舞台”，为农民通过股份合作等方式参与分享二、三产业增值收益，构建利益联结、共享机制提供有力保障。 （4）为推进农业现代化建设提供新载体，有利于在更广领域集中政策资源，加快改善农业生产条件，加速科技推广应用，推进专业化、集约化、标准化生产，提高土地产出率、资源利用率、劳动生产率，促进农业转型升级，示范带动区域现代农业发展
2	指导思想	认真贯彻党中央国务院决策部署，紧紧围绕推进农业供给侧结构性改革这个主线，立足优势特色产业，以提高农业质量效益和竞争力为中心任务，以培育壮大新型农业经营主体、推进一二三产业融合为重点，聚力建设以规模化种养基地为依托、产业化龙头企业带动、现代生产要素聚集的现代农业产业集群，促进农业生产、加工、物流、研发、示范、服务等相互融合和全产业链开发，创新农民利益共享机制，带动农民持续稳定增收，加快构建现代农业产业体系、生产体系、经营体系，打造高起点、高标准的现代农业发展先行区，为农业农村经济持续健康发展注入新动能新活力
3	基本原则	（1）政府引导，市场主导。统筹兼顾，因地施策，强化政府规划引领、机制创新、政策支持和配套服务，充分发挥市场主体在产业发展、投资建设、产品营销等方面的主导作用，形成多种有效建设模式。 （2）以农为本，创新发展。立足资源禀赋，突出发展优势主导产业，拓展产业链，提升价值链，挖掘农业多种功能，推进一二三产深度融合，坚决防止非农异化，不能成为少数加工企业的工业园。

续表

序号	主要方面	具体内容
3	基本原则	（3）多方参与，农民受益。坚持城乡统筹，倡导开门办园、“有边界，无围墙”，发挥农业产业化龙头企业带动作用，注重吸引多元主体、全社会力量参与产业园建设。坚持为农、贴农、惠农，完善利益联结机制，带动农民就业增收，让农民分享产业园发展成果。 （4）绿色发展，生态友好。发展绿色产业，创设绿色政策，推广绿色模式，大力推行农业节水，建立绿色、低碳、循环发展长效机制，率先实现“一控两减三基本”*，污水、废气排放达标，垃圾有效处理
4	建设目标	按照“一年有起色、两年见成效、四年成体系”的总体安排，建成一批产业特色鲜明、要素高度聚集、设施装备先进、生产方式绿色、经济效益显著、辐射带动有力的国家现代农业产业园，加快补齐农业现代化短板，构建我国“三农”发展动力结构、产业结构、要素结构，形成农民收入增长新机制，推动农业农村经济向形态更高级、分工更优化、结构更合理阶段演进
5	创建条件	（1）发展功能定位准确。产业园建设思路清晰，发展方向明确，突出规模种养、加工转化、品牌营销和技术创新的发展内涵，突出技术集成、产业融合、创业平台、核心辐射等主体功能，突出对区域农业结构调整、绿色发展、农村改革的引领作用。 （2）规划布局科学合理。产业园建设与当地产业优势、发展潜力、经济区位、环境容量和资源承载力相匹配。产业园专项规划或方案符合当地经济社会和农业发展规划的要求，并与有关规划相衔接。产业园有明确的地理界限和一定的区域范围，全面统筹布局生产、加工、物流、研发、示范、服务等功能板块。 （3）建设水平区域领先。产业园各项指标区域领先，现代要素高度集聚，技术集成应用水平较高，一二三产深度融合，规模经营显著，新型经营主体成为园区建设主导力量，体制机制创新活力迸发。主导产业集中度较高，占产业园总值的 50% 以上。

续表

序号	主要方面	具体内容
5	创建条件	（4）绿色发展成效突出。种养结合紧密，农业生产清洁，农业环境突出问题得到有效治理。农业水价综合改革顺利推进，全面推行“一控两减三基本”。生产标准化、经营品牌化、质量可追溯，产品优质安全，无公害农产品生产全覆盖，绿色食品认证比重较高。绿色、低碳、循环发展长效机制基本建立。 （5）带动农民作用显著。入园企业积极创新联农带农激励机制，通过构建股份合作等模式，建立与基地农户、农民合作社“保底＋分红”等利益联结关系，实现产业融合发展，让农民分享产业增值收益。园区农民可支配收入持续稳定增长，原则上应高于当地平均水平 30% 以上。 （6）政策支持措施有力。地方政府支持力度大，统筹整合财政专项、基本建设投资等资金优先用于产业园建设，并在用地保障、财政扶持、金融服务、科技创新应用、人才支撑等方面有明确的政策措施，政策含金量高，有针对性和可操作性。水、电、路、通信、网络等基础设施完备。 （7）组织管理健全完善。产业园建设主体清晰，管理方式创新，有适应发展要求的管理机构和开发运营机制，形成了政府引导、市场主导的建设格局
6	建设任务	（1）做大做强主导产业，建设优势特色产业引领区。依托优势特色主导产业，建成一批规模化原料生产大基地，培育一批农产品加工大集群和大品牌，将产业园打造为品牌突出、业态合理、效益显著、生态良好的优势特色产业发展先行区。 （2）促进生产要素集聚，建设现代技术与装备集成区。聚集市场、资本、信息、人才等现代生产要素，推进农科教、产学研大联合大协作，配套组装和推广应用现有先进技术和装备，探索科技成果熟化应用有效机制，将产业园打造成为技术先进、金融支持有力、设施装备配套的现代技术和装备加速应用的集成区。

续表

序号	主要方面	具体内容
6	建设任务	（3）推进产加销、贸工农一体化发展，建设一二三产业融合发展区。构建种养有机结合，集生产、加工、收储、物流、销售于一体的农业全产业链，挖掘农业生态价值、休闲价值、文化价值，推动农业产业链、供应链、价值链重构和演化升级，将产业园打造成为一二三产业相互渗透、交叉重组的融合发展区。 （4）推进适度规模经营，建设新型经营主体创业创新孵化区。鼓励引导家庭农场、农民合作社、农业产业化龙头企业等新型经营主体，重点通过股份合作等形式入园创业创新，发展多种形式的适度规模经营，搭建一批创业见习、创客服务平台，降低创业风险成本，提高创业成功率，将产业园打造成为新型经营主体“双创”的孵化区。 （5）提升农业质量效益和竞争力，建设现代农业示范核心区。加快农业经营体系、生产体系、产业体系转型升级，推进质量兴农、效益兴农、竞争力提升，树立农业现代化建设的标杆，将产业园打造成为示范引领农业转型升级、提质增效、绿色发展和核心区
7	创建工作要求	（1）加强组织领导。各省（自治区、直辖市）要高度重视，把国家现代农业产业园创建工作摆在重要位置，建立由分管省领导挂帅，省农业、财政厅（委、局）牵头的申请创建国家现代农业产业园工作协调机制，统筹负责组织创建工作。 （2）强化创建指导。各地方要加强调查研究，准确把握产业园功能定位，突出以规模种养基地依托、龙头企业带动、现代生产要素集聚，突出探索农民分享二三产业增值收益的体制机制，突出以新理念新办法新机制建设产业园。立足当地资源优势，科学编制产业发展建设规划，合理确定产业园建设布局。要严格按照创建条件，遴选推荐国家现代农业产业园，鼓励积极争创。 （3）加大政策支持。各地方应加大对创建国家现代农业产业园的支持力度。统筹现有渠道资金，按照“渠道不乱、用途不变”的原则向园区适当倾斜，形成集聚效应。发挥财政资金的引领作用，通过政府与社会资本合作（PPP）、政府购买服务、贷款贴息等方式，撬动更多金融和社会资本投入园区建设。鼓励地方创新产业园管理体制和产业园投资、建设、运营方式

续表

序号	主要方面	具体内容
8	申请创建数量	2017 年，根据各省（自治区、直辖市）2015 年农林牧渔业总产值确定国家现代农业产业园申请创建数量。总产值 5000 亿元以上、2000 亿～ 5000 亿元、2000 亿元以下的省（自治区、直辖市），分别按照 3 个、2 个和 1 个控制数申请创建国家现代农业产业园，超报的不予受理。计划单列市名额计入本省指标，由所在省统筹安排上报。新疆生产建设兵团、黑龙江省农垦总局和广东省农垦总局可单独申请创建 1 个国家现代农业产业园
9	申请创建程序	按照由产业园所在地人民政府提出申请，省级农业和财政厅（委、局）核报省级政府同意后报农业部 **、财政部的程序，开展申请创建工作。新疆生产建设兵团、黑龙江省农垦总局和广东省农垦总局直接报农业部、财政部。农业部、财政部按照高标准、少而精、宁缺毋滥的要求，联合组织竞争性选拔。符合创建条件的，经公示后可批准创建国家现代农业产业园；经一定时间建设达到国家现代农业产业园标准的，可批准为国家现代农业产业园
10	中央财政支持政策	根据产业园的规划面积、园内农业人口数量、地方财政支持情况等因素，中央财政通过以奖代补方式对批准创建的国家现代农业产业园给予适当支持。为体现激励约束，强化地方政府责任，奖补资金分期安排。农业部、财政部将建立“能进能退、动态管理”的国家现代农业产业园考核管理机制，对考核不合格的，不再给予奖补资金，并按规定撤销创建资格，对绩效考核成绩突出的加大奖补力度
11	其他要求	申请创建材料应包括产业园发展现状、功能定位和思路目标、创建内容、带动农民、支持政策、运行管理机制、保障措施及相关证明材料等方面内容

*“一控”是指控制农业用水的总量，划定总量的红线和利用系数率的红线。到 2020 年，农业的用水总量要保持在 3720 亿立方米，利用系数要从现在的 0.52 提高到 0.55。“两减”是指把化肥、农药的施用总量减下来。2020 年化肥农药的施用量要实现零增长。“三基本”是指针对畜禽污染处理问题、地膜回收问题、秸秆焚烧问题采取的有关措施，通过资源化利用的办法从根本上解决好这个问题。

** 现为农业农村部，本表下同。

农业农村部、财政部要求，国家现代农业产业园要以获得认定为新起点，进一步做大做强优势特色主导产业，促进全产业链开发，聚集现代生产要素，创新农民增收利益联结机制，打造新农民创新创业孵化平台，示范带动省、市、县梯次建设现代农业产业园，形成以产业园为主要抓手推进乡村产业振兴的工作局面。

2018 年 6 月，农业农村部、财政部发布《关于开展 2018 年国家现代农业产业园创建工作的通知》（农计发〔2018〕11 号），继续开展国家现代农业产业园创建工作，具体内容见表 1–2。

表 1–2　2018 年国家现代农业产业园创建工作重点

序号	主要方面	具体内容
1	指导思想	深入贯彻党的十九大精神，践行新发展理念，按照高质量发展要求，围绕实施乡村振兴战略，以推进农业供给侧结构性改革为主线，立足优势特色产业，聚力建设以规模化种养基地为依托、产业化龙头企业带动、现代生产要素聚集，“生产 + 加工 + 科技”的现代农业产业集群，促进一二三产业融合发展，创新农民增收利益联结机制，培育农业农村经济发展新动能，打造高起点、高标准的现代农业建设样板区和乡村产业兴旺引领区，示范带动省、市、县形成梯次推进的现代农业产业园建设体系，为农业农村现代化建设和乡村振兴提供有力支撑
2	基本原则	（1）政府引导、市场主导。强化政府的规划引领、机制创新、政策支持和配套服务，充分发挥市场主体在产业发展、投资建设、产品营销等方面的主导作用。 （2）以农为本，创新发展。突出发展优势特色主导产业，拓展产业链，提升价值链，挖掘农业多种功能，坚决防止产业园非农异化。

续表

序号	主要方面	具体内容
2	基本原则	（3）多方参与，农民受益。倡导开门办园、“有边界，无围墙”，发挥农业产业化龙头企业带动作用，注重吸引多元主体参与产业园建设。坚持为农、惠农，带动农民发展生产和就业增收，让农民分享产业园发展成果。 （4）绿色发展，生态友好。牢固树立绿水青山就是金山银山理念，构建绿色、低碳、循环发展长效机制，率先实现“一控两减三基本”，污水、废气排放达标，垃圾有效处理
3	建设目标	通过创建，建成一批产业特色鲜明、要素高度聚集、设施装备先进、生产方式绿色、三次产业融合、辐射带动有力的国家现代农业产业园，形成乡村发展新动力、农民增收新机制、乡村产业融合发展新格局，带动各地加强产业园建设，构建各具特色的乡村产业体系，推动乡村产业振兴
4	创建条件	（1）主导产业特色优势明显。主导产业为本县（市、区）特色优势产业和支柱产业，在本省区乃至全国具有较强的竞争优势。主导产业集中度高、上下游连接紧密，产业间关联度强，原则上数量为 1 ~ 2 个，产值占产业园总产值的比重达 50% 以上。主导产业符合“生产 + 加工 + 科技”的发展要求，种养规模化、加工集群化、科技集成化、营销品牌化的全产业链开发的格局已经形成，实现了一二三产业融合发展。 （2）规划布局科学合理。已制定产业园专项规划，并经所在地县级或以上政府批准同意，明确了产业园发展布局和区域范围。产业园种养、加工、物流、研发、服务等一二三产业板块已经形成，且相对集中、联系紧密。产业园专项规划与村镇建设、土地利用等相关规划相衔接，产业发展与村庄建设、生态宜居统筹谋划、同步推进，形成园村一体、产村融合的格局。

续表

序号	主要方面	具体内容
4	创建条件	（3）建设水平区域领先。产业园生产设施条件良好，高标准农田占比较高，主要农作物耕种收综合机械化率高于本省平均水平，生产经营信息化水平高。现代要素集聚能力强，技术集成应用水平较高，职业农民和专业人才队伍初步建立，吸引人才创新创业的机制健全。生产经营体系完善，规模经营显著，新型经营主体成为园区建设主导力量。 （4）绿色发展成效突出。种养结合紧密，农业生产清洁，农业环境突出问题得到有效治理，“一控两减三基本”全面推行并取得实效。生产标准化、经营品牌化、质量可追溯，产品优质安全，绿色食品认证比重较高。农业绿色、低碳、循环发展长效机制基本建立。 （5）带动农民作用显著。产业园积极创新联农带农激励机制，推动发展合作制、股份制、订单农业等多种利益联结方式，推进资源变资产、资金变股金、农民变股东，农民分享二、三产业增值收益有保障。在帮助小农户节本增效、对接市场、抵御风险、拓展增收空间等方面，采取了有针对性的措施，促进小农户和现代农业发展有机衔接。园区农民可支配收入原则上应高于当地平均水平的30%。 （6）政策支持措施有力。地方政府支持力度大，统筹整合财政专项、基本建设投资等资金用于产业园建设，并在用地保障、财政扶持、金融服务、科技创新应用、人才支撑等方面有明确的政策措施，政策含金量高，有针对性和可操作性。水、电、路、通信、网络等基础设施完备。 （7）组织管理健全完善。产业园运行管理机制有活力，方式有创新，有适应发展要求的管理机制和开发运行机制。政府引导有力，多企业、多主体建设产业园的积极性充分调动，形成了产业园持续发展的动力机制

续表

序号	主要方面	具体内容
5	建设任务	（1）做大做强主导产业，建设乡村产业兴旺引领区。依托优势特色主导产业，建成一批规模化原料生产大基地，培育一批农产品加工大集群和大品牌，将产业园打造为品牌突出、业态合理、效益显著、生态良好的乡村产业兴旺引领区。贫困地区要突出搞好产业扶贫，将产业园建设成为构建稳定脱贫长效机制的重要平台。 （2）促进生产要素集聚，建设现代技术与装备集成区。聚集市场、资本、信息、人才等现代生产要素，推进农科教、产学研大联合大协作，配套组装和推广应用现有先进技术和装备，探索科技成果熟化应用有效机制，将产业园打造成为技术先进、金融支持有力、设施装备配套的现代技术和装备加速应用的集成区。 （3）推进产加销、贸工农一体化发展，建设一二三产融合发展区。构建种养有机结合，集生产、加工、收储、物流、销售于一体的农业全产业链，挖掘农业生态价值、休闲价值、文化价值，推动农业产业链、供应链、价值链重构和演化升级，将产业园打造成为一二三产业相互渗透、交叉重组的融合发展区。 （4）推进适度规模经营，建设新型经营主体创业创新孵化区。鼓励引导家庭农场、农民合作社、龙头企业等新型经营主体，重点通过股份合作等形式入园创业创新，发展多种形式的适度规模经营，搭建一批创业见习、创客服务平台，降低创业风险成本，提高创业成功率，将产业园打造为新型经营主体“双创”的孵化区。 （5）提升农业质量效益和竞争力，建设高质量发展示范区。大力发展绿色、生态种养业，加强农产品质量安全监管，强化品牌培育，推进农业绿色化、优质化、特色化、品牌化，推动农业由增产导向转向提质导向，建立健全质量兴农的体制机制，将产业园打造成为农业高质量发展示范区

续表

序号	主要方面	具体内容
6	创建工作要求	（1）加强组织领导。各省（自治区、直辖市）要高度重视，把国家现代农业产业园创建工作摆在重要位置，建立健全由分管省领导挂帅，省农业（农村）、财政厅（委、局）牵头的申请创建国家现代农业产业园工作协调机制，统筹负责组织创建工作。鼓励地方农业（农村）、财政部门结合当地实际，自主编制产业园创建方案。 （2）强化创建指导。要加强调查研究，指导各地准确把握产业园功能定位，精准选择主导产业，合理确定布局规模，创新管理运营机制，强化农民利益联结，严格对照创建条件，坚持姓农、务农、为农和兴农要求，遴选推荐产业园创建国家现代农业产业园。 （3）加大政策支持。各地应注重政策创设，不断加大产业园支持力度。统筹现有资金渠道，按照“渠道不乱、用途不变”的原则向产业园倾斜，形成集聚效应。要鼓励地方创新产业园管理体制和产业园投资、建设、运营方式，积极通过 PPP、政府购买服务、贷款贴息等方式，撬动更多金融和社会资本投入产业园建设
7	申请创建数量	2018 年，根据各省（自治区、直辖市）2016 年农林牧渔业总产值确定国家现代农业产业园创建申请数量。总产值 6000 亿元及以上、6000 亿元以下的省（自治区、直辖市），分别按 2 个和 1 个控制数申请创建国家现代农业产业园，超报不予受理。计划单列市名额计入省指标，由所在省统筹安排申报。新疆生产建设兵团、黑龙江省农垦总局和广东省农垦总局可单独申请创建 1 个国家现代农业产业园
8	申请创建程序	按照由产业园所在地人民政府申请，省级农业和财政厅（委、局）核报省级政府同意后报农业农村部、财政部的程序，开展申请创建工作。新疆生产建设兵团、黑龙江省农垦总局和广东省农垦总局直接上报农业农村部、财政部。农业农村部、财政部按照高标准、少而精、宁缺毋滥的要求，组织竞争性选拔。符合创建条件的，经公示后可批准创建国家现代农业产业园；经一定时间建设达到国家现代农业产业园认定标准的，可认定为国家现代农业产业园

续表

序号	主要方面	具体内容
9	中央财政支持政策	根据产业园相关因素，中央财政通过以奖代补方式对认定创建的国家现代农业产业园给予适当支持。为体现激励约束、强化地方责任，奖补资金分期安排。农业农村部、财政部将建立“能进能退、动态管理”的国家现代农业产业园创建考核管理机制，对考核不合格的，不再给予奖补资金，并按规定撤销创建资格；对绩效考核成绩突出的加大奖补力度

2020 年 3 月，农业农村部、财政部发布《农业农村部办公厅 财政部办公厅关于开展 2020 年国家现代农业产业园创建工作的通知》（农办规〔2020〕10 号，以下简称《2020 年通知》），指出各地要围绕保障重要农产品有效供给和促进农民持续增收，综合考虑农业资源禀赋、特色产业发展、一二三产业融合等因素，统筹推进国家产业园建设。产业园应布局在县以下。《2020 年通知》明确了 2020 年国家现代农业产业园创建工作重点（表 1–3）。

表 1–3　2020 年国家现代农业产业园创建工作重点

序号	主要方面	具体内容
1	创新布局	各地要围绕保障重要农产品有效供给和促进农民持续增收，综合考虑农业资源禀赋、特色产业发展、一二三产业融合等因素，统筹推进国家产业园建设。2020 年重点支持创建优质粮油、健康养殖、现代种业产业园，鼓励结合产业发展需要创建中药材产业园。优先支持符合条件的贫困县、粮食生产功能区、重要农产品生产保护区、特色农产品优势区、国家现代农业示范区等申请创建。产业园应布局在县以下

续表

序号	主要方面	具体内容
2	创建条件	（1）申请创建的产业园，原则上不与本省（自治区、直辖市）已批准建设的产业园主导产业相同。 （2）申请创建的产业园，经过两年左右的创建，应达到《农业农村部办公厅 财政部办公厅关于开展2019年国家现代农业产业园创建绩效评价和认定工作的通知》（农办规〔2019〕51号）规定的认定条件。经评估与认定条件差距较大的，不得申请。 （3）各地要统筹考虑产业园、农业产业强镇等项目建设。申请创建的产业园，与农业农村部、财政部已批准建设的和2020年拟申请的农业产业强镇示范建设项目区域，原则上不能重叠。 （4）近两年发生重大农业环境污染或生态破坏问题、重大农产品质量安全事件，被省级及以上环保、农业农村或食品安全等部门通报的县市，不得申请
3	创建数额	（1）农业农村部、财政部按照相关因素测算各地开展创建的申报指标。原则上2018年度农林牧渔业总产值7000亿元及以上的省份按2个申报，7000亿元以下的省份按1个申报。新疆生产建设兵团安排1个申报指标。对2019年中央财政资金统筹使用不规范的省份扣减1个指标。黑龙江省农垦总局、广东省农垦总局由所在省统筹安排申报。超指标申请不予受理。 （2）按照种业发展品种布局，支持种业育繁推一体化基础好的北京、河北、福建、新疆、西藏等省区，按确定品种增加申报1个以种业为主导产业的产业园。 （3）为支持鼓励各省加强产业园建设，对于2019年安排省级财政自有资金建设产业园10亿元以上的省份，可申报3个省级产业园纳入国家产业园创建管理体系；安排5亿元以上、10亿元以下的省份，可申报2个省级产业园纳入国家产业园创建管理体系；安排2亿元以上、5亿元以下的省份，可申报1个省级产业园纳入国家产业园创建管理体系。通过评价认定后，授予国家现代农业产业园称号

续表

序号	主要方面	具体内容
4	创建程序	（1）各地要按照县级政府申请、省级农业农村和财政部门择优遴选的方式确定拟列入创建名单的产业园，经分管省领导审定后报送农业农村部、财政部。各省级农业农村部门、财政部门要严格按照创建条件开展竞争性遴选，认真组织好创建方案、建设规划评审和实地核查等工作。 （2）农业农村部、财政部采取书面审查备案和竞争性择优遴选相结合的方式批准创建。对产业园建设成效突出、建设体系完善、省级财政自有资金投入大的省份申报的部分产业园，经书面审查符合条件后纳入拟批准创建名单。对部分产业园开展竞争性遴选，组织专家采取现场答辩的方式，择优纳入拟批准创建名单。 （3）对拟批准创建产业园名单，经公示无异议后，由农业农村部、财政部联合发文公布
5	支持方式	农业农村部、财政部通过定期监测、绩效评价、实地核查等方式，在批准创建后的第二年和第三年分别组织开展产业园评价认定工作。中央财政通过奖补方式，对批准创建和通过评价认定的产业园，按不同情形予以适当支持。 （1）对 2018 年批准创建但尚未通过评价认定的 13 个国家产业园，2020 年底前再组织一次评价认定，认定后安排其余奖补资金。届时未通过将取消创建资格，并按有关规定收回结余资金。 （2）对 2019 年及以后批准创建的国家产业园，分 3 次安排奖补资金。批准创建后安排 30%，通过中期评估后安排 30%，通过评价认定后下达剩余奖补资金。中期评估工作在批准创建后的第二年开展。 （3）对纳入国家产业园创建管理体系的省级产业园，通过评价认定后给予适当奖补。 （4）中央财政奖补资金按照突出重点、集中使用、创新方式的原则，重点用于产业园联农带农增收、提升产业服务能力、延伸产业链、促进主导产业升级。鼓励产业园统筹整合相关资金渠道，通过政府与社会资本合作（PPP）、政府购买服务、贷款贴息等方式，撬动更多金融和社会资本建设产业园

1.2 现代农业产业园主要特征

乡村振兴主要以现代农业产业园、田园综合体、特色小镇等为载体，涉及的子项目多（农业产业、文旅、社区等），也只有这样产业才能成规模，才能做到一二三产业融合。国家现代农业产业园是引领农业农村现代化的排头兵，是推进乡村振兴的重要载体。

中央农村工作会议提出，现代农业产业园是优化农业产业结构、促进一二三产业深度融合的重要载体。一家一户分散经营、农业企业单打独斗的做法已不适应新阶段农业发展形势的要求，打破区域界限、突出规模优势、走农业一体化经营、发展现代农业势在必行。依托现代农业产业园这一载体，推动农业生产要素向园区集中、优势产业向园区集聚，推进一二三产业融合，多功能化经营和多主体受益，是我国农业现代化的必由之路。

概括地说，现代农业产业园主要有以下特征。

1. 技术密集、科技含量高

现代农业产业园的主要特点是技术密集、科技含量高，围绕主导产业促进经济增长和农民增收，以科技开发、示范、辐射和推广为主要内容，促进区域农业结构调整和产业升级。

与传统的农业产业园相比，现代农业产业园的典型特征是科技含量高，园区瞄准国内外最新科技成果，强调引进、消化、创新，以生物技术为重点，加强种子种苗设施化栽培、工厂化立体种养、节水灌溉、无公害生产等高新技术的研究与开发，同时提高园区加工技术水平和互联网营销能力，从总体上提高园区农业科技水平。

以下为江苏省吴江现代农业产业园案例。

【案例 1-1】

江苏省吴江现代农业产业园始建于 2007 年 6 月，位于吴江区东北部，东接上海青浦、南连沪苏浙高速和 318 国道、西依苏嘉杭高速，北靠苏州工业园区，交通十分便捷；园区被九里湖、澄湖、沐庄湖、白蚬湖、黄泥兜等五大湖泊环绕，水网密布、地势平坦，生态环境优越。园区涉及 5 个行政村 123 个村民小组，区域面积为 29.8 平方千米。2009 年 3 月由吴江市人民政府批准，园区规划总面积 32200 亩，其中设施园艺 11000 亩、优质粮油 10500 亩、特种水产 7000 亩、休闲观光 3000 亩、其他综合用地 700 亩；规划总投资 11.78 亿元，以推进城乡一体化建设为契机，立足“科技化、规模化、产业化”，建成高效设施园艺、特种水产养殖、生态休闲观光，优质粮油生产等四大功能区，最终形成功能布局合理、产业特色明显、科技水平领先、设施装备先进、运行机制灵活、综合效益显著的现代农业产业园格局。园区把推进农业科技进步作为发展方向，积极与各大知名院校开展产学研合作，充分利用高等院校先进的应用工程技术、农艺技术、生物技术，为园区建设提供强大的技术支撑。园区还先后引进多家农业类科技公司，大大增强了园区的科技实力。

2. 农业科技成果转化率高

农业科技成果转化率是现代农业发展的决定性因素。现代农业产业园最突出的产业是现代农业，因此对农业科技成果转化率要求很高。

众所周知，农业是国民经济的基础产业，如果要提高我国农业在国际市场上的竞争力，关键在于加快农业科技进步，重点是将各类先进的技术应用于农业生产、加工和销售。也就是说，科学技术只是一种潜在的生产力，要真正实现农业现代化，提高农业的生产效率，就必须将科学技术应用到农业生产实践中。近年来，我国加快追赶农业发达国家的步伐，花重金引进了国外很多先进的农业技术和生产设备，但效果仍然离设想的比较远，或者说应用同样的技术国内与国外生产效率相差仍然较大。其中一个重要的原因，就是虽然有了先进的技术和设备，但农业科技成果转化率不高，阻碍了农业生产效率的提高。

要提高我国农业科技成果转化率，重点是围绕我国农业产业结构调整、现代农业建设，以促进农业增效、农民增收、农村增绿为目标，以加快科技成果转化应用为手段，积极探索科技成果转化和示范推广有机结合的机制，促进科技成果向第一生产力转变。通过现代农业产业园，各参与主体可充分利用优惠政策、智慧化的基础设施和各类先进的信息技术、生物技术，有利于快速提高农业科技成果转化率。

3. 推动技术成果转化

（1）加强农业科技开发基地建设。

现代农业产业园集生产、加工和科技于一体，在项目整体规划中一般会布局农业科技开发基地，以推动农业技术成果转化。

农业科技开发基地主要有两种类型：

一种是科研中试基地，旨在对中试研究成果的技术指标作进一步的量化、定型和完善，同时对中试成果进行展示、宣传、扩散、推广。中试基地是科研成果转化的必须之地，加强其建设和管理对促进农业科技成果转化具有重要意义。多年来的实践证明，农业中试基地具有良好的试验、示范、推广和强烈的辐射功能，是新品种、新技术的转化场所，是科研项目的良好载体。同时通过中试基地项目的实施，许多青年科技人员的科研、开发和经营管理能力都得到了较大提高。例如，四川省眉山市东坡区国家现代农业产业园分为泡菜原料种植区、中心城区、科研示范区、泡菜生产区。东坡区在创建国家现代农业产业园期间，把科技摆到了重中之重的位置，其中就包括建设泡菜科研成果中试转化示范基地。

另一种是科技推广示范基地，旨在对成熟科技成果进行单项或复合技术的组装示范与推广。

（2）科研单位全程介入。

地方政府、社会资本在运作现代农业产业园时，要携手科研单位共同策划。科研单位从规划到项目实施全程介入，展示和转化农业新科技新成果，使产业园真正成为集试验、示范、休闲、观光、培训和产业化经营于一体的多功能现代农业高新技术园。例如，吉林省集安市现代农业产业园以龙头企业为主体，与中国农科院特产研究所、吉林农业大学等科研院所合作，建成了国家人参加工技术研发中心。2018 年，产业园内企业承担国家和省市级科技项目 9 项，投入研发资金 7713 万元，比上年增长 429%。又如，浙江省慈溪市现代农业产业园投资 2.1 亿元组建杭州湾现代农业研究院、沧海慈湖农创客基地、国际食品研发中心等三大科创平台。其中，国际食品研发中心可入驻国际化高层次研发人才 300 名以上，引进浙江大学等科研单位 12 家，组建专家团队 16 个，确保每家企业都有一家科研单位对接，每个重大项目都有专家团队服务。截至 2020 年 10 月，产业园已累计投入 60 亿元，形成了优质粮食和精品果蔬两大主导产业。

（3）科研单位与高科技农业企业合作，加快科技成果产业化。

现代农业产业园的重点产业为现代农业，因此，需要围绕主导产业引进大量的高科技农业企业，包括生产、加工、营销领域的高科技农业企业。同时，科研单位应该积极介入并开展多方合作，选择市场前景广阔、科技含量高且能转化的科技成果开发科技产品，同时以市场需求为导向推广科技成果，加快科技成果产业化，这种方式推广速度快、覆盖面广、经济效益和社会效益高，能够实现科研单位和高科技企业的共赢。

（4）强化科技培训。

现代农业产业园建成后便进入漫长的运营期，需要各类专业的运营人员。因此，现代农业产业园需要积极与科研院所联合开展农民科技培训，提高农民承接、运用科技成果的能力。

具体来说，要结合现代农业项目的实施进行有针对性的培训，通过示范展示、现场指导、现场观摩和专题培训等，提升当地基层农技人员水平，带动提高农民科技素质。此外，加强科技示范户、示范村的建设，激发农民的科技意识，引导广大农民学科学、用科学，促进农民运用农业高新技术成果，从而加快农业科技成果转化的速度。要通过科技培训，形成专家—农技人员—科技示范户—辐射带动户的科技成果转化通道，通过科技人员直接到户、良种良法直接到田、技术要领直接到人的推广机制，推进农业新技术、新成果向现实生产力的转化。

总之，现代农业产业园不仅科技水平要高，还要有显著的经济效益，重点是要突出科技与市场、科技与经济的结合，促进农业高新技术转化为现实生产力，使园区成为科技与经济相结合的桥梁和纽带。

1.3 发展现代农业园区必须具备的基础条件

分析指出，现代农业园区是农业产业结构调整和发展现代农业的必然选择。发展现代农业园区必须具备几个基础条件：

1. 人才储备和培养

在传统农业时代，农村经济增长主要取决于土地数量以及劳动者、劳动资料、劳动对象的投入。随着科技进步和知识经济的到来，农村经济增长主要取决于劳动力的素质，而劳动力的素质与人才储备和培养密切相关。

（1）我国农村人才严重匮乏。

由于诸多方面的原因，我国农村人才严重匮乏，制约了农村的快速发展：一是农技推广人才短缺。目前，我国每 1 万农村人口中，科技人员只有 15 人，而我们的近邻日本是 100 人，农业发达国家、居世界农产品出口第二位的荷兰则高达 200 人。二是农村劳动力素质普遍不高，即使有先进的现代农业科学技术，在推广上也面临很大的困难。三是模式创新不够。广大农村仍然以第一产业为主，且大多数地区的农业还没有突破传统农业从事初级农产品原料生产的局限性，一二三产业难以融合，因而农产品附加值不高。四是随着大量农村青壮劳动力进城务工，留下来的老妇幼等群体无法承担高强度的体力活，劳动力调集难，一些农业基础设施建设项目和工程很难有效组织和实施，农业生产条件较差。

（2）培训效果亟待提高。

一直以来，国家和地方政府政策文件都要求大力培养农村人才，而且从资金、税收、金融、土地等方面给予支持，也取得了一系列的效果。

然而，在具体的培训过程中，仍存在不少的问题，主要体现在重理论、轻实践，缺乏现场培训、应急培训、专家一对一指导等方式，培训效果不佳，群众参与意愿不强等。

（3）进一步丰富人才储备和培养方式。

农村人才储备和培养方式很多，目前主要是依托科研院所，将科研院所的产、学、研与发展现代农业园区的人才储备和培养紧密结合起来。通过提供条件让科研院所的课题与现代农业园区的生产、加工、营销环节紧密结合，鼓励和引导具有一定专业知识的人才投身到农村经济建设中去，发挥其在农业、互联网、人工智能等方面的专业技术特长，以及金融、管理方面的能力，无论是对我国的乡村振兴事业，还是对现代农业园区的人才储备、培养都具有重要的意义。

2. 推动农业科技成果产业化

目前我国农业科技成果产业化正处在起步阶段。发展现代农业技术，推动农业科技成果产业化是现代农业产业园建设的必然要求。

以下为江苏省无锡市锡山区现代农业产业园的案例。

【案例 1-2】

作为 2017 年第二批国家现代农业产业园创建单位之一，江苏省无锡市锡山区现代农业产业园占地 48.5 平方千米，园区内密集地分布着实验室、种苗培养室、智能化蔬菜和花卉温室大棚、农业物联网展示中心、现代农业博览园，以及红豆杉、绣球花和彩色苗木的繁育基地等，体现了对高标准、高品质、高科技、高产出和高效益现代化农业的追求。

无锡耕地资源非常稀缺，所以当地政府认识到要更加充分利用好有限的耕地，发展更高质量的现代农业。基于对种子种苗在现代农业中重要性的认识，依托当地原有的花卉产业和周边省市对花卉乔木的大量消费需求，园区逐渐聚集了生物育种、种苗繁育、种子加工等领域的大量龙头企业，形成了以园艺作物种子种苗繁育为优势的主导产业。

截至 2018 年 4 月，该项目已建成种子种苗繁育基地 39980 亩，形成了集洋葱、胡萝卜、大葱、花椰菜、番茄、小白菜、西葫芦等蔬菜，红豆杉、绣球和彩色苗木等园艺作物以及水稻种子种苗研发、繁育、加工转化等于一体的全产业链条。

高科技支撑现代农业，在育苗中，园区采用了拥有自主知识产权的绣球花无土栽培介质育苗和快速繁殖技术，自主研发出先进的乔木种苗组织培养快速繁殖、种苗脱毒与工厂化生产等技术，可以利用修剪树木后废弃的枝芽育苗，实现年组培 3000 万株彩色苗木种苗。

通过实施科企合作、院校挂钩，产业园现已与中科院、浙江大学、复旦大学等 10 多家科研单位和高等院校形成紧密合作的产学研协同创新联盟，承担了国家、省级、市级项目 100 多个，采用了组织培养、地源热泵、花期促控、避雨栽培、节水灌溉等新技术约 20 项。农业科研成果从实验室走向试验田，并且逐步向产业基地、种养大户推广的机制初步形成。

作为无锡农业高新技术创新的“主阵地”，该项目已在带动当地农民就业，以及农业新品种、新技术和新模式的推广方面显现出强劲的辐射力。产业园自创建以来，积极探索产业富民、就业富民、保障富民、合作富民等农民增收长效机制，通过组建花卉、水果、蔬菜及稻米合作社，鼓励成立家庭农场等方式，进一步把带动效应辐射到园区周边地区的农户。目前，园区已组建各类富民合作组织 82 家，带动了 1.5 万名当地农民就业，园区内农民年人均可支配收入达到 3.5 万元。

1.4 现代农业产业园面临的主要困难

调研发现，我国在推进现代农业产业园发展的过程中，主要面临以下困难和问题。

1. 法规政策不成体系

近几年，为促进现代农业产业园快速发展，我国相继出台了一系列的法规政策，从资金、土地、财政、税收、科技等方面支持现代农业产业园。但总体来说，对现代农业产业园这种新兴的农业发展模式，我国法规政策不成体系，尤其是在财税政策、土地政策等方面不完备，导致现代农业产业园在建设之初就遇到诸如征用土地、审批手续、融资等方面的现实困难。此外，有的现代农业产业园在规划、建设方面不规范，背离了国家的政策要求，有的园区甚至在农用地上违规建设农家乐、游乐设施和酒店等，造成了不良的影响。

2. 园区重建设轻管理

众所周知，现代农业产业园在建成后，需要长期科学的运营，才能保持持续健康发展，实现投资回报。然而，在实践中，部分地区的现代农业产业园（尤其是县级现代农业产业园）成为地方政府的形象工程和政绩工程，政府只注重园区的前期建设，而忽视了园区的严格管理和科学运营，致使产业园生产经营效益低下，市场竞争力不强，既没有起到带动地方经济社会发展的作用，也没有达到农业增效和农民增收的目的。

3. 投资企业实力不强，带动效果不明显

现代农业产业园投资规模大，对投资企业的要求较高。通常情况下，现代农业产业园需要发挥农业产业化龙头企业的带动作用。

农业产业化龙头企业是指以农产品加工或流通为主，通过各种利益联结机制与农户联系，带动农户进入市场，使农产品生产、加工、销售有机结合、相互促进，在规模和经营指标上达到规定标准并经政府有关部门认定的企业。农业产业化龙头企业包括国家级龙头企业、省级龙头企业、市级龙头企业、规模龙头企业。农业产业化龙头企业农产品加工、流通的增加值占总增加值70%以上。加工、流通企业规模要求如下：总资产规模要求为东部地区1亿元以上，中部地区7000万元以上，西部地区4000万元以上；固定资产规模要求为东部地区5000万元以上，中部地区3000万元以上，西部地区2000万元以上；年销售收入要求为东部地区1.5亿元以上，中部地区1亿元以上，西部地区5000万元以上。

现实情况是，不少地区缺乏强有力的农业产业化龙头企业，因此无法吸引周围农户积极参与园区的建设与发展，难以满足现代农业产业园区发展需要。

4. 产业园建设同质化问题严重

在现代农业产业园推进过程中，存在同质化严重的问题，导致特色产业不突出，市场竞争力不强。

具体来说，现代农业产业园同质化问题主要体现在以下两个方面：

（1）产业规划同质化。

在国家着力推进乡村振兴的背景下，部分地方政府一哄而上推进现代农业产业园，但产业规划雷同，同质化现象严重。例如，近几年，某省大力推进现代农业产业园建设，该省某县准备申报近10个省级现代农业产业园，近20个乡镇仅2个没有现代农业产业园区。不仅如此，某县下面的乡镇又建有“园中园”，且几乎都以旅游、养老等产业为主导，园中都有粮油、蔬菜、畜禽、水产等各类产业。除了数量多，这些产业园的建设风格、产业、规模等大都雷同，可以说是典型的产业规划同质化。

（2）项目建设同质化。

项目建设同质化也是现代农业产业园推进过程中亟待解决的问题。

现代农业产业园一二三产业融合，既有现代农业，又有农业加工业，还有休闲旅游服务业。然而，部分现代农业产业园跟风开发，农家乐、民宿、休闲采摘、四季花海、田园观光等项目应接不暇，产业园之间呈现“你有我有全都有”的现象，遭遇“千村一面”的尴尬：一是在项目内容建设上，不管本地是否有优质的旅游资源、康养条件、消费人群基础，都无一例外地上马旅游、康养、民宿等项目。例如，近两年某地新建的农业观光、乡村生态休闲旅游项目超过 100 个，数量几乎翻了一番，不少项目跟风严重、高度雷同，赏花火了就搞赏花，采摘热了就上采摘。近 300 家乡村旅游点中，仅农家乐就有约 130 家，大部分都是“垂钓 + 吃饭”模式，随着游客不断被分流，已有一些产业园难以为继，黯然退出市场。二是在乡村外观尤其是建筑上，为了体现“文化”，吸引游客，很多村庄同时出现了“马头墙、小青瓦”的徽派建筑。建筑是文化的载体，必须以文化为土壤，再美的建筑如果离开了文化的土壤，就成了没有内涵的东西。乡村旅游项目的建设，尤其是民居的改造和提升，一定要立足于当地文化，不能搞一刀切。否则，会让游客到哪里都有似曾相识的感觉，旅游体验感下降，自然项目经营也会受不小的影响。传统建筑一定是依托特定地域和人文环境“生长”起来的，只有这样才真正具有特色，才能够吸引游客。如果到处都建徽派建筑，也就失去了“乡村”的本意。

因此，一定要开动脑筋，认真研究市场，用差异化取代同质化，才能够真正将现代农业产业园做好。

第 2 章

我国现代农业产业园创建情况及申报要求

2.1 国家现代农业产业园创建情况

2017 年是我国国家级现代农业产业园创建工作的启动之年，当年 6 月，农业部、财政部发布《关于批准创建第一批国家现代农业产业园的通知》，经县（市）申请、省级推荐、实地核查、现场答辩等公开竞争选拔程序，批准四川省眉山市东坡区等 11 个现代农业产业园创建第一批国家现代农业产业园。从 11 个现代农业产业园分布来看，主要涉及华东（江苏、浙江、山东）、华中（湖北、江西）、东北（黑龙江）、西南（四川、贵州）和华南（广西）地区（表 2–1）。

表 2-1 第一批国家现代农业产业园创建名单

序号	所在省区	产业园名称
1	四川省	四川省眉山市东坡区现代农业产业园
2	浙江省	浙江省慈溪市现代农业产业园
3	黑龙江省	黑龙江省五常市现代农业产业园
4	黑龙江省	黑龙江省庆安县现代农业产业园
5	江苏省	江苏省泗阳县现代农业产业园
6	浙江省	浙江省诸暨市现代农业产业园
7	山东省	山东省金乡县现代农业产业园
8	江西省	江西省信丰县现代农业产业园
9	湖北省	湖北省潜江市现代农业产业园
10	贵州省	贵州省水城县现代农业产业园
11	广西壮族自治区	广西壮族自治区横县现代农业产业园

第一批国家现代农业产业园创建各具特色，有自己独特的做法（表 2-2），详细解读见本书第 6 章。

表 2-2 第一批国家现代农业产业园创建特色及主要做法

序号	产业园名称	特色及主要做法
1	四川省眉山市东坡区现代农业产业园	产业园涵盖 12 个乡镇。近 5 年，东坡区整合投入资金 9.5 亿元，建成高标准泡菜原料基地 16 万亩，其中万亩泡菜原料基地 12 个，辐射带动发展标准化蔬菜种植基地 33.5 万亩，建成国家级绿色食品原料（蔬菜）标准化生产基地 18.4 万亩。产业园分为泡菜原料种植区，中心城区、科研示范区、泡菜生产区

续表

序号	产业园名称	特色及主要做法
1	四川省眉山市东坡区现代农业产业园	园区内农田基础设施按照“田成方、土成型、渠成网、路相通、沟相连、旱能灌、涝能排、土壤肥、无污染、旱涝保收”标准规划建设。此外，加强技术服务指导。在园区建设中，不断强化技术服务和创新，提高农民的科学种田水平。建设大基地，建设大集群，培育大品牌，强化科技支撑，推进利益共享
2	浙江省慈溪市现代农业产业园	产业园区域优势明显，地处长三角区域中心。慈溪市北部沿海毗邻杭州湾跨海大桥和规划的杭州湾跨海铁路，沈海高速和即将开工的杭甬复线高速穿区而过，交通便捷。产业园已累计投入 50 多亿元，路、沟、渠、水电及冷链等基础设施配套到位，一批投资大、示范带动性强的重点产业项目开始显现效益。产业园主导产业清晰，已基本形成优质粮食（4 万亩）和精品蔬果（9.1 万亩）两大主导产业，绿色生态循环等配套产业（畜牧养殖业）和粮食蔬果加工产业健全，出口蔬菜等全产业链基本形成，一二三产业高度融合
3	黑龙江省五常市现代农业产业园	产业园集成应用现代科技，推进绿色发展，推进一二三产业深度融合，发展适度规模经营，构建利益联结机制，完善组织管理体系。产业园以实现水稻优质、高产、高效为目标，重点建设智能化催芽、标准化育苗大棚、标准化模式栽培、全程机械化生产、绿色生物防控。产业园集水稻智能浸种催芽、智能大棚育秧、科技农业展示、农机化服务于一体，育秧工厂、农机库、良种展示推广区、水稻技术推广展示区等设施完备

续表

序号	产业园名称	特色及主要做法
4	黑龙江省庆安县现代农业产业园	产业园着力构建“一心引领、一带一基地支撑、四板块联动”的功能布局。“一心”即全县现代稻米产业发展的集聚区，包括生产、加工、物流、研发、服务等功能。“一带”即呼兰河湿地走廊观光带。“一基地”即5个乡镇30万亩有机稻种植基地。“四板块”即创新创业板块、技术集成板块、农旅融合板块、循环利用板块。庆安县经国家认证的绿色、无公害食品基地面积221万亩，占耕地总面积的77.5%。经国家认证的绿色产品已达67个，有机产品9个，被国家发展改革委等七部委评为“中国绿色名县”
5	江苏省泗阳县现代农业产业园	产业园着力构建以设施蔬菜（食用菌）为主、以特色水产（成子湖青虾）和精品桃果为副的“一主两副”产业格局。产业园围绕“江苏一流、全国有名”目标定位，科学布点生产、研发、示范、服务等功能板块，着力打造“234”空间布局。“2”即构建成子湖岸线和盐徐高速沿线两个生态景观长廊；“3”即培育设施蔬菜（食用菌）、特色水产、精品桃果三个产业集群；“4”即改造提升综合服务中心、设施蔬菜科技研发中心、特色水产研发中心和加工物流中心。园区积极打造工厂化食用菌和设施园艺基地，产业特色明显。园区引进了优质新品种120余个
6	浙江省诸暨市现代农业产业园	产业园面积10.05万亩，包括粮食4万亩、珍珠0.6万亩、香榧4.3万亩，精品水果0.85万亩、加工流通园区0.3万亩。产业园所在区域工业化城镇化发展水平较高，农村剩余劳动力充分转移，传统农业加速向规模化生产、市场化经营转型。诸暨市依托农业“两区”建设，加强招商引资，通过政策扶持，资金补助等措施，全面提升发展现代农业园区，优化产业发展环境，同时通过农业水环境治理，增加设施农业投入，加快现代生态循环农业发展建设。农业现代化呈现出稳健、绿色、可持续发展的良好态势

续表

序号	产业园名称	特色及主要做法
7	山东省金乡县现代农业产业园	产业园区位交通条件优越，基础配套设施齐全，现代生产要素高度集聚，绿色发展方式初步建立，实现了标准化规模化种植，大蒜品牌效应领先全国，新型经营主体成为主导，产业集中度、融合水平不断提高，产城融合程度逐步深化，利益联结机制日益完善，农民增收渠道加快拓宽。产业园以大蒜为主导产业，以树立全国大蒜产业创新驱动发展新标杆为目标，以推进基地支撑、产业融合、链条延伸、产品升级为方向，突出生产、加工、物流、科研、文化、示范、服务等功能板块，已经初步形成“一心、一轴、三基地、三片区”空间布局。“一心”是指现代农业科技集成创新中心；“一轴”是指农旅深度融合与生态景观轴；“三基地”是指现代农产品综合物流基地、农业高新技术产业化示范基地、农村创业创新孵化基地；“三片区”是指特色农产品加工片区、特色高效农业规模化种植片区、工厂化现代农业展示引领片区
8	江西省信丰县现代农业产业园	产业园整体空间布局为“一心两带三区五园”，“一心”是指核心区中国赣南脐橙产业园；“两带”是指沿105国道的脐橙产业示范带和沿317省道脐橙产业示范带；“三区”是指大塘埠长岗万亩脐橙技术集成与农业科技应用先行示范区、赣南（信丰）脐橙产业基地三产融合发展示范区、龙舌－古陂片5万亩脐橙产业绿色安全示范区；“五园”是指现代脐橙产业融合示范园、前山－老屋场和红金橙合作社标准示范园、山地脐橙特色“农旅”结合示范园、农友合作社以及丰盛农场的标准化脐橙生态示范园。产业园着力打造农业物联网云平台、农产品质量安全监管追溯平台和农产品电商平台等三大平台，严格把控生产、质量、销售三大环节，着力做大做优做强果蔬品牌

续表

序号	产业园名称	特色及主要做法
9	湖北省潜江市现代农业产业园	潜江启动建设了国内首个以小龙虾为主体的生态龙虾城；从产品深加工、延伸产业链上发力。例如，推动相关企业进行废弃虾壳循环利用，建成甲壳素深加工产业集群，打造甲壳素之都；实现农业产业全链条增值，着力发展食品加工产业、小龙虾及优质淡水产品产业等主导产业。加强规划引领，推动产业园合理布局；推进融合发展，加快产业园转型升级；强化政府主导，建立产业园良性发展机制
10	贵州省水城县现代农业产业园	产业园主导产业为猕猴桃和茶叶。产业园建成县级农产品质量检测中心 1 个、农产品质量检测室 15 个，猕猴桃、茶叶抽检合格率 100%。产业园区分为种植示范基地、产学研基地、深加工基地和布依风情生态园、米箩现代农业观光园等 5 个功能区。产业园覆盖水城县 5 个乡（镇）23 个行政村，涉及农户 15.16 万人，涵盖 3 个园区、11 个市场、5 个研发中心，布局合理，是水城县现代农业核心区域
11	广西壮族自治区横县现代农业产业园	横县是“中国茉莉之乡”，茉莉花、茉莉花茶产量占全国 80% 以上，是世界最大的茉莉花和茉莉花茶生产加工基地；“横县茉莉花（茶）”区域品牌价值为 180.53 亿元，是广西最具价值的农产品品牌，并成功入选中国茶叶类地理标志产品品牌榜；产业园在 2014 年启动创建的自治区级现代特色农业（核心）示范区基础上开展创建

此后，国家现代农业产业园创建工作持续开展。2017 年 9 月，农业部、财政部批准安徽省宿州市埇桥区等 30 个现代农业产业园创建第二批国家现代农业产业园。截至 2021 年 8 月，共 181 个产业园获批创建国家现代农业产业园。名单见附录 2–1 至附录 2–5。

自批准创建国家现代农业产业园以来，各地坚持姓农、务农、为农和兴农的创建宗旨，切实加强创建指导，加大政策支持，推进规模化种养基地建设，促进一二三产业融合发展，建成了一批产业特色鲜明、要素高度集聚、设施装备先进、生产方式绿色、经济效益显著、示范带动有力的现代农业产业园。

在资金支持方面，每个批准创建的国家现代农业产业园，国家先行补助资金 1 亿元，省级配套 1 亿元，用于产业园建设；经过 2 ～ 3 年的创建，通过验收评审挂牌以后，国家再奖励几亿元不等的资金；具体奖励额度要根据产业园创建通过的打分情况确定，但奖励资金要高于批准同意创建时给的资金。批准创建的现代农业产业园，创建期间可向国家开发银行申请贷款，年利率 1.5%，贷款年限 25 年，贷款额度上不封顶。获批创建现代农业产业园的项目，可继续申报国家田园综合体项目、数字农业试点项目等专项项目。

国家现代农业产业园创建工作“五不列入”和“三个不能”

国家现代农业产业园一定要姓农、务农、为农、兴农，以农业为基础、农民为核心。开展国家现代农业产业园创建工作，要严守“五不列入”的申报底线要求：一是“机器人戴草帽”（园区只有加工或者加工企业与农民只是简单的原料买卖关系。取了个农业名，戴了顶“草帽”，但里面还是机器人，不姓“农”）的不列入；二是一家独大、一家独办的不列入（这类产业园由一家企业独办，园区内可能有其他企业，但都是为这个企业加工配套的，没有形成企业集群）；三是只有生产、没有加工的不列入（这类产业园只有规模化种养基地，加工、品牌营销不足，尚未实现全产业链开发，不符合“生产＋加工＋科技”的产业园定位要求）；四是产业园范围过大、过小的不列入；五是工作部署推进不力的不列入。

国家现代农业产业园坚决不能脱离农业、农民，异化为工业园、走样为工商资本的“跑马圈地”场，或者个别企业主导、获取农业农民利益的工具。国家现代农业产业园创建要把方向搞正，确保“三个不能”：不能成为穿着农业马甲的工业项目，不能成为工商企业剥夺农业的项目，不能成为打着为农民旗号、多占农民便宜的项目。

2.2 国家现代农业产业园申报要点

申报创建国家现代农业产业园要厘清以下几个方面的重点：

1. 创建国家现代农业产业园各方职责

创建国家现代农业产业园，政府是项目申报的主体，园区内的涉农企业、农民合作社、家庭农场等是项目的主要实施主体。对政府来讲，需要企业有意愿、有能力投资建设运营现代农业产业园，这是对现代农业产业园创建的一种鼓励和促进；对企业来讲，政府在各项政策（财政、税收、土地、人才等）以及金融（政策性贷款、低成本融资等）方面大力支持企业建设现代农业产业园，企业会更有积极性。

2. 国家现代农业产业园创建实操标准

在乡村振兴战略背景下，涉农企业及组织在申报创建国家现代农业产业园时需要掌握以下五点：

（1）对照国家创建条件。

对照“四农”宗旨（姓农、务农、为农、兴农）以及农业农村部和财政部通知文件提出的四项内涵和创建条件，国家现代农业产业园要有发展基础、有创建条件。

（2）抓住主导产业。

国家现代农业产业园所申请创建的产业，必须是县域内突出的特色主导产业。要坚持好中选好、优中选优，例如四川眉山榨菜产业园基本覆盖了全部劳动人口，吉林集安人参产业园财政贡献占全市财政收入的70%以上。虽然部分地区产业聚集度没那么高，但要选择农业主导产业、优势特色产业来培育创建。

（3）产业园内形成产业集群。

国家现代农业产业园需要在本区域内发展形成 1 ～ 2 家大型企业带动、一群中小企业配合、众多新型主体和农户联动的产业格局。国家明确强调一企独大、一企独建的不支持，因此，国家现代农业产业园需要多主体联合创建。

（4）构建紧密的利益联结机制。

国家现代农业产业园要构建紧密的利益联结机制，企业与合作社、农户之间要建立股权合作、土地入股等合作机制。具体来说，要推进“农户 + 合作社”“农户 + 公司”“农户 + 产业化联合体”“大园区 + 小业主”等模式，健全联农带农有效激励机制，让农民更多分享产业增值收益。

引导农民以土地经营权、林权、设施设备等入股园区企业，以股东身份获得收益。

中央重视通过土地入股合作社发展农业适度规模经营。党的十八届三中全会提出，允许农民以承包经营权入股发展农业产业化经营，鼓励承包经营权在公开市场上向专业大户、家庭农场、农民合作社、农业企业流转，发展多种形式规模经营。2015 年中央 1 号文件要求，引导农民以土地经营权入股合作社和龙头企业。2016 年中央 1 号文件强调，鼓励发展股份合作，引导农户自愿以土地经营权等入股龙头企业和农民合作社，采取“保底收益 + 按股分红”等方式，让农户分享加工销售环节收益，建立健全风险防范机制。农民以土地经营权入股合作社，可以解决一家一户生产经营规模小、产品单一、抗风险能力差、成本高、收益低和增收慢等问题，促进农民增收，最终提高农民的生活水平。农民土地经营权流转后，单个农户经营规模小、产品单一和收益低，相比之下，适度规模化经营更适宜发展现代农业、循环农业和休闲农业，可以延伸产业链条，实现一二三产业融合，进而提升农业的整体经济收益。

总之，农民土地经营权流转入股合作社和龙头企业，农民的切身利益和土地的产出捆绑在一起，既保证了企业的利益，也保证了农民的利益，而且这种模式对合作双方来说都具有稳定性和连续性：土地流转费保证了农户的基本收入，股权分红使农户的收益与当年土地产出密切相关。同时，农民还可以就近到企业务工，获得薪金性收入，成为“三金型”（租金、股金、薪金）新型农民。进一步而言，农民有了稳定的收入，不用背井离乡进城打工，这样又解决了进城打工无法照顾家中留守老人和孩子的问题。

截至 2019 年 10 月，全国依法登记农业专业合作社 193.53 万家，合作社已成为流转土地、吸引农民土地入股的重要平台。根据农业部门统计，有 9737 万亩耕地流转到合作社，占全部流转面积的 21.8%；有 1560 万亩耕地入股到合作社，占股份合作面积的 57.4%。

例如在江苏省吴江现代农业产业园，园区内所有土地全部流转并进入村土地股份合作社，实现了资产变资本，土地变股权，农户变股东。园区组建粮油、水生作物、水产养殖、花卉种植和农机服务等 7 个专业合作社，除设施区由企业经营外，其他土地均由专业合作社统一经营，所有农机作业均由两个农机专业合作社统一服务。

（5）先行示范。

国家现代农业产业园要具有创新性、引领性、独创性，主要是在农业技术、运营机制、管理体制等方面具有先行示范的作用。

2.3 充分调研现代农业产业园

要建设现代农业产业园，充分的调研是前提条件，调研主要内容包括项目所在地的资源禀赋、经济条件、人口状况、地理位置、交通情况、种植和养殖情况、农产品加工业情况等。例如，对江苏省某市现代农业产业园的调研，主要内容包括现代农业产业发展基本情况、农业主导产业发展现状、农业产业区域布局、品种结构、播种（养殖）面积、总产与单产、经营方式、机械化程度、出口数量与出口企业、畜牧业存栏数与出栏数等；同时针对该市现代农业产业发展现状，提出“十四五”时期农业产业发展重点的建议及对策措施，为政府或相关部门制定农业发展决策提供参考依据。

1. 勘察测量现代农业产业园自身所处区域的基础资源

现代农业产业园自身所处区域的基础资源对产业园来说十分重要。因此，首先要做好勘察测量工作，一是要对水利设施、土壤条件、交通状况以及周边农业环境进行全面的勘察、统计分析，为总体规划提供完备的基础数据；二是要做好测量工作，要对现代农业产业园项目土地进行全面精确的测量，核实土地数量和建设规模；三是要做好气象资料的调查，主要包括产业园所在地的温度、降水、日照、风向、风速等。

（1）水资源。

众所周知，水资源是一种宝贵的战略资源，关系到国家经济社会的可持续发展。

目前，我国水资源严重短缺、水污染严重且水资源重复循环利用率偏低。具体来说，我国人均水资源量只有 2100 立方米，仅为世界人均水平的 28%。全国年平均缺水量达 500 多亿立方米。农业水资源是可为农业生产使用的水资源，包括地表水、地下水和土壤水。其中，土壤水是可被旱地作物直接吸收利用的唯一水资源形式，地表水、地下水只有在转化为土壤水后才能被作物利用。大气降水被植物截留的部分也可视作农业水资源，但因其量较小（仅占全年降雨量的 2.5% 左右），通常被忽略。

（2）交通条件。

交通条件常常是决定项目（尤其是农业类项目）是否值得开发的重要因素，因为交通是否通畅直接影响农业生产和物流成本、农业效益以及农业人才和科技的引进。例如，某地虽然气候条件、土壤条件好，农产品质量和产量高，但交通不便，山高路远，农资和农产品运输成本过高，因此农业生产经营的效益比较差。对这样的项目，社会资本不会轻易参与。

需要指出的是，在具体调研某一区域时，首先要把这个区域放在所在地区交通环境的大背景下分析，例如所考察的项目区域距离最近的高速公路是多少千米，距离最近的铁路是多少千米，道路状况怎么样，通货能力强不强等，从而找出项目区域的交通优势。然后，再分析项目区域邻近的小交通环境，即周围的小环境中交通是否通畅。

2. 全面整理分析调研资料

在对现代农业产业园的资源禀赋、经济条件、人口状况、地理位置、交通情况、种植和养殖情况、农产品加工业情况等进行调研后，要全面、系统地整理分析所测量、调查、考察的资料，去伪存真，由表及里，重点是根据国家对现代农业产业园的创建要求，明确园区建设的各项重点。

3. 经济效益与项目风险分析

对现代农业产业园的调研结果，要重点围绕产业园建设的效益与项目风险进行分析。具体来说，经济效益分析的内容包括：融资来源、资金成本、财务盈利、贷款清偿、资产负债分析、不确定性分析，且在效益分析时数据一定要真实可靠。项目风险分析包括：建设风险、生产风险、市场风险、资金风险、政策风险等。不仅如此，还要对可能发生的风险采取相应的防控措施。

下面介绍2017年某县级现代农业产业园创建工作的调研情况（见案例2–1）。

【案例2–1】

一、基本情况

（一）积极出台扶持政策

×县政府办公室出台了《×县2017年种植业结构调整调剂资金补贴制度实施方案》。

（二）成立推进组织

×县政府成立县级现代农业种植业产业园区工作推进领导小组。×局、×局共同监管农业种植业产业园工作。领导小组下设办公室，设在×局。由分管农业的副县长任组长，×局、×局各确定一名分管领导任副组长，共同监督负责县域内现代农业种植业产业园的建设管理、申报、考评、验收等工作。

（三）出台有关评选标准

制定了《×县现代农业产业园创建和认定管理办法（试行）》。

（四）评选认定县本级产业园

经过层层推荐、申报、复核、评选，最后选定×镇×食用菌产业园、×生态农业研发示范产业园、×镇×杂粮杂豆示范产业园为2017年度县本级现代农业产业园。

×镇×食用菌产业园，由×食用菌合作社投资兴建，总投资×万元，占地面积×万平方米，新建大棚×栋，带动就业×余人，年生产优质香菇×千克；×生态农业研发示范园位于×镇×村×组，园区总面积×公顷，现有建筑面积×平方米，温室大棚面积×平方米，主导产业为绿色蔬菜、有机水果等。2017年实现总收入×万元；作为新型农业经营主体，×镇×杂粮杂豆示范产业园将集体资源和资产作价、农民土地经营权未来十年收益作价、农业企业资产作价并吸收地方龙头企业资金入股，具有专业合作社、家庭农场、种粮大户不可替代的体制优势和规模优势。该产业园分别于2016年和2017年采取股权方式集中了×公顷和×公顷耕地统一种植有机农产品，并统一有机认证技术标准、统一收获加工、统一销售核算、统一农田基本建设。园区实行“保底收益+按劳分配+按股分配”方式，盘活闲置的集体资源和资产，促进其保值与增值，搭建农村土地制度、集体产权制度、农村金融制度综合改革平台。

二、下一步工作计划

（一）打造棚膜园区新亮点

产业园积极与国内外知名企业合作，创新管理经营方式、种植技术，在×镇、×乡打造温室蔬菜大棚×个、×万平方米。2018年，某县计划新增温室大棚总量达×个。

（二）注重品牌建设

持续推动现代农业产业园农产品商标品牌战略，鼓励产业园申请地理标志产品，支持经营主体创建省级以上知名品牌。大力推进食用菌等特色农产品“三品一标”认证，加快培育该县区域特色公共品牌。对于企业获得知名品牌称号、农产品“三品一标”认证和特色公共品牌称号的，县政府给予相应的奖励。

（三）争取政策和资金支持

切实做好项目谋划包装、打捆申报工作，争取更多的政策和资金支持。健全农村金融综合服务体系，强化农业信贷、担保、投融资等，着力破解制约现代农业产业园发展的体制、机制障碍，降低融资门槛，提供综合、便捷的普惠金融服务，促进产业园全面发展。

（四）健全现代农业产业园市场组织体系

依托惠民农产品批发市场，打造集商品流、信息流、资金流于一体，集散、配送、批发和零售高效结合的农产品现代物流体系，推进农户、农民合作社、农业产业化龙头企业“三位一体”的现代农业产业组织体系建设。

三、政策及建议

（一）强化金融服务

探索建立政府、银行、担保公司等共同参与的风险分担和补偿机制，强化农业信贷、担保、投融资等产品服务，破解现代农业产业园发展资金瓶颈难题。

（二）培养一批新型人才

建议省级现代农业产业园区主管机构定期组织开展有针对性的培训指导，培养一批新型技术人才。

（二）改善农业生产基础条件

×县农业基础条件较差，农业设施建设滞后，建议国家和省级财政、农业、国土、发改、水利等部门项目资金能够有机整合，适度向×县现代农业产业园倾斜。

下面再介绍某现代农业产业园的调研情况（见案例 2–2）。

【案例 2–2】

为进一步了解 × 乡现代农业特色产业带发展现状，加快实施都市生态农业工程建设，总结经验，查找问题，确保工作取得良好成效，× 乡组织相关工作人员就现代特色农业产业带建设及都市生态农业发展情况进行了专题调研。

一、× 乡发展现代农业特色产业带和都市生态农业建设的做法和成效

近年来，× 乡紧紧围绕打造“新型农业精品乡、特色乡”的目标，以加速土地流转为抓手，不断扩大产业规模和产业特色，推动农业结构调整再上新台阶，极大促进了 × 乡现代农业特色产业带和都市生态农业的建设。其主要做法和成效有以下几点：

（一）主要做法

1. 出台优惠政策，扶持大户

出台土地流转奖补政策等优惠措施，对当年土地流转实现集中连片，用作发展现代特色农业等高效经济作物且规模在 × 亩以上的予以重奖，这大大提高了农民和种粮大户发展现代农业特色产业的积极性。

2. 加大土地流转力度，充分发挥农民合作社作用

对以农民合作社为基础流转土地规模在 × 亩以上的，× 乡对每亩土地额外奖励 × 元，激励群众加速土地流转。重点通过农民合作社牵头，农户以土地入股，合作社负责对土地进行经营管理，社员按照股份进行生产利润分红，建立“土地变股权、农民变股东、有地不种

地、收益靠分红”的土地流转机制。土地流转为规模化种植创造了条件，也为发展现代农业打下了基础，极大促进了现代农业特色经济的发展，提高了土地的利用效益，增加了农民的收益。

3. 提供技术支持

组织农技人员深入田间地头做好全程服务，对农民适时提供田间管理等技术培训，例如开展水产、大棚蔬菜、粮食种植等方面的技术培训，提高了农民发展现代特色农业的积极性。

4. 发挥党员干部示范引领作用

为大力发展现代农业特色经济，× 乡鼓励扶持干部发扬“火车头精神”，践行为民服务的公仆理念，全乡先后有 × 名党员干部参与现代农业特色经济发展，不仅起到了示范带动作用，而且收到了可观的经济效益，成为引领老百姓发家致富奔小康的旗手和标兵。

（二）取得的成效

1. 烟叶黄金产业不断做大做强

全面夯实烟叶生产基础水平，保障以烟叶为主导的全乡农业支柱产业稳步发展，烟叶种植面积 × 亩，亩均效益 × 元，实现税收突破 × 万元，培育壮大种植大户 × 家，安排农村劳动力就业 × 人，全面带动全乡劳动力、餐饮等行业发展，烟叶产业成为 × 乡的拳头产业。

2. 蔬菜特色种植产业迅猛发展

以创建现代示范园区经济典型为抓手，积极推进 × 温室大棚蔬菜种植园区建设，启动 × 村 × 亩温室大棚项目，使蔬菜种植业成为村民增收的又一支柱产业。

3. 生猪养殖等项目不断发展壮大

带动全乡生猪、肉鸡等养殖业的快速发展，年出栏生猪 × 万头、

三禽饲养量达 × 万只。

4. 千亩渔业示范基地成效显著

重点抓好 × 村渔业养殖园区的发展，使其依靠荒坑、洼地等资源大力打造千亩渔业示范基地，并开发成休闲垂钓的新农家旅游景点。全乡共发展鱼塘 × 多亩，从业农户达 × 家，亩均年效益近 × 万元，已成为该乡支柱产业。

5. 农田水利及林网设施不断完善

大力推进农业基础建设，狠抓农田水利建设，全乡新整修田间道路 × 千米，新打机井 × 眼。全乡新植幼树 × 万株，造林面积达 × 亩。

二、工作推进中存在的主要困难和问题

（一）农业人才匮乏

当地农民年龄结构偏大、知识文化水平偏低、科技水平较差，缺乏科技创新能力。

（二）农业发展资金匮乏

农民缺乏原始积累，投入现代农业发展的资金有限。金融机构受产业规模、政策导向等制约，支持现代农业的力度不大。

（三）扶持政策力度不大

尽管 × 乡出台了一系列优惠政策来扶持现代农业特色产业带，但还是无法适应现代农业特色产业的发展需要，急需市级以上政府对此给予更大力度的支持。

（四）技术指导支持不够

由于全乡农技人员较少，暂时无法对现代农业特色产业带提供全方位的服务，在技术指导上还较为欠缺。

最后介绍某田园综合体项目的调研情况（见案例 2-3）。

【案例 2-3】

某项目计划投资 17 亿元人民币，分三期建成，其中，一期以高科技农业项目为主导，以乡村振兴为发展目标，突出一二三产业融合发展的田园综合体，二期以乡村旅游服务为主，建设以生态餐厅、茶厅、生态宾馆为特色的乡村休闲旅游，三期主要建设康养一体的现代服务业。通过 2 ～ 3 年的建设，将项目发展成农村产业融合发展的示范园，再通过 3 ～ 5 年的孵化和培育，力争把项目打造成国内最先进的现代高科农业的展示园，万里茶道的茶文化体验园，农村产业融合发展示范园。

一、主要做法

制定园区总体规划和近期、中期、远期目标，分步实施。

总体规划将项目分为三期，一期开发高科农业产业示范带动区，规划面积 2080 亩，主要包含花溪田园板块、茶山运动板块、高效渔业生产板块、不夜谷度假板块、民俗商业街区板块，以探索创新农业产业示范带动，结合农副产品加工与主题度假游，大力推动一二三产联动，结构优化升级；二期开发温泉康养社区，规划面积 818 亩，主要包含温泉颐养谷板块，依托基地优质山水资源与温泉资源，将康养度假社区与颐养管家服务有机结合，打造成面向武汉城市圈市场，集温泉养生、康体运动、观光游憩、文化体验等功能于一体的温泉康养功能性社区；三期开发田园综合体辐射区，规划面积 12000 亩，依托田园综合体产业发展示范区，带动周边农业全面升级，乡村全面进步，农民全面发展，实现乡村“产业兴旺、生态宜居、乡风文明、治理有效、生活富裕”，带动周边乡村振兴。

二、产业成效

该项目以种植业为基础，主要包括以初级农产品种植为主的智能大棚面积26000平方米；茶园面积262.5亩，并进行加工销售，形成第二产业；古桩紫薇999棵。水域面积约408亩，位于北部湖湾地块，主要作为高效渔业养殖区，并发展以鱼菜共生为主的高效农业与有机渔业生产区。林地面积约90.35亩，其中竹林总用地面积19038.7平方米，竹林总建筑面积6156平方米，竹林建筑占地面积4749平方米。现状建筑用地6亩，道路面积111亩。

三、下一步工作计划

（一）解决资金缺乏问题

由于公司股东遗留问题，导致项目资金缺乏，无法推进。下一步须解决该问题。

（二）寻找产业合伙人

该项目有26000平方米的智能温室大棚，目前主要种植初级农产品，需尽快引进产业合作伙伴，盘活现代农业产业发展。

（三）聘请专业第三方咨询机构

国家、本省、本市均已出台相应的现代农业和田园综合体补政策等优惠措施，但是本项目未申请相关政策支持和补助，在符合政策要求的前提下，建设单位可聘请第三方咨询机构，进行专业咨询，梳理项目情况，争取获得政策支持。

附录 2-1

2017 年第二批国家现代农业产业园创建名单

序号	所在省区	产业园名称
1	安徽省	安徽省宿州市埇桥区现代农业产业园
2	重庆市	重庆市潼南区现代农业产业园
3	宁夏回族自治区	宁夏回族自治区贺兰县现代农业产业园
4	湖南省	湖南省靖州县现代农业产业园
5	陕西省	陕西省洛川县现代农业产业园
6	吉林省	吉林省集安市现代农业产业园
7	湖南省	湖南省宁乡市现代农业产业园
8	贵州省	贵州省湄潭县现代农业产业园
9	山东省	山东省栖霞市现代农业产业园
10	内蒙古自治区	内蒙古自治区扎赉特旗现代农业产业园
11	广东农垦湛江垦区	广东农垦湛江垦区现代农业产业园
12	四川省	四川省峨眉山市现代农业产业园
13	广东省	广东省江门市新会区现代农业产业园
14	黑龙江省	黑龙江省宁安市现代农业产业园
15	河南省	河南省正阳县现代农业产业园
16	河北省	河北省邯郸市滏东现代农业产业园
17	福建省	福建省安溪县现代农业产业园
18	海南省	海南省陵水县现代农业产业园
19	江苏省	江苏省无锡市锡山区现代农业产业园
20	四川省	四川省蒲江县现代农业产业园
21	广西壮族自治区	广西壮族自治区来宾市现代农业产业园

续表

序号	所在省区	产业园名称
22	安徽省	安徽省和县现代农业产业园
23	青海省	青海省都兰县现代农业产业园
24	陕西省	陕西省杨凌示范区现代农业产业园
25	北京市	北京市房山区现代农业产业园
26	甘肃省	甘肃省临洮县现代农业产业园
27	山西省	山西省太谷县现代农业产业园
28	广东省	广东省徐闻县现代农业产业园
29	云南省	云南省普洱市思茅区现代农业产业园
30	山东省	山东省潍坊市寒亭区现代农业产业园

附录 2-2

2018 年国家现代农业产业园创建名单

序号	所在省区	产业园名称
1	陕西省	陕西省眉县现代农业产业园
2	广东省	广东省茂名市现代农业产业园
3	新疆生产建设兵团	新疆生产建设兵团阿拉尔市现代农业产业园
4	辽宁省	辽宁省盘锦市大洼区现代农业产业园
5	黑龙江省	黑龙江农垦宝泉岭垦区现代农业产业园
6	河北省	河北省石家庄市鹿泉区现代农业产业园
7	山西省	山西省万荣县现代农业产业园
8	广西壮族自治区	广西壮族自治区柳州市柳南区现代农业产业园

续表

序号	所在省区	产业园名称
9	福建省	福建省平和县现代农业产业园
10	山东省	山东省泰安市泰山区现代农业产业园
11	贵州省	贵州省修文县现代农业产业园
12	重庆市	重庆市涪陵区现代农业产业园
13	江西省	江西省樟树市现代农业产业园
14	甘肃省	甘肃省定西市安定区现代农业产业园
15	湖南省	湖南省安化县现代农业产业园
16	云南省	云南省芒市现代农业产业园
17	浙江省	浙江省湖州市吴兴区现代农业产业园
18	四川省	四川省苍溪县现代农业产业园
19	安徽省	安徽省金寨县现代农业产业园
20	河南省	河南省温县现代农业产业园
21	西藏自治区	西藏自治区白朗县现代农业产业园

附录 2–3

2019 年国家现代农业产业园创建名单

序号	所在省区	产业园名称
1	北京市	北京市密云区现代农业产业园
2	天津市	天津市宁河区现代农业产业园
3	河北省	河北省平泉市现代农业产业园
4	山西省	山西省隰县现代农业产业园
5	内蒙古自治区	内蒙古自治区科尔沁左翼中旗现代农业产业园

续表

序号	所在省区	产业园名称
6	辽宁省	辽宁省东港市现代农业产业园
7	吉林省	吉林省东辽县现代农业产业园
8	黑龙江省	黑龙江省富锦市现代农业产业园
9	黑龙江省	黑龙江省铁力市现代农业产业园
10	黑龙江农垦	黑龙江农垦建三江管理局七星现代农业产业园
11	上海市	上海市金山区现代农业产业园
12	江苏省	江苏省东台市现代农业产业园
13	江苏省	江苏省南京市高淳区现代农业产业园
14	浙江省	浙江省杭州市余杭区现代农业产业园
15	安徽省	安徽省天长市现代农业产业园
16	福建省	福建省古田县现代农业产业园
17	江西省	江西省彭泽县现代农业产业园
18	山东省	山东省滨州市滨城区现代农业产业园
19	山东省	山东省庆云县现代农业产业园
20	河南省	河南省延津县现代农业产业园
21	河南省	河南省泌阳县现代农业产业园
22	湖北省	湖北省宜昌市夷陵区现代农业产业园
23	湖北省	湖北省随县现代农业产业园
24	湖南省	湖南省常德市鼎城区现代农业产业园
25	湖南省	湖南省长沙市芙蓉区现代农业产业园
26	广东省	广东省梅州市梅县区现代农业产业园
27	广东省	广东省湛江市坡头区现代农业产业园
28	广东省	广东省新兴县现代农业产业园
29	广东农垦	广东农垦湛江农垦（雷州半岛）现代农业产业园

续表

序号	所在省区	产业园名称
30	广西壮族自治区	广西壮族自治区都安县现代农业产业园
31	海南省	海南省儋州市现代农业产业园
32	海南省	海南省三亚市崖州区现代农业产业园
33	重庆市	重庆市江津区现代农业产业园
34	四川省	四川省广汉市现代农业产业园
35	四川省	四川省邛崃市现代农业产业园
36	四川省	四川省安岳县现代农业产业园
37	贵州省	贵州省麻江县现代农业产业园
38	云南省	云南省开远市现代农业产业园
39	西藏自治区	西藏自治区拉萨市城关区现代农业产业园
40	陕西省	陕西省榆林市榆阳区现代农业产业园
41	甘肃省	甘肃省酒泉市肃州区现代农业产业园
42	甘肃省	甘肃省宁县现代农业产业园
43	青海省	青海省泽库县现代农业产业园
44	宁夏回族自治区	宁夏回族自治区吴忠市利通区现代农业产业园
45	新疆维吾尔自治区	新疆维吾尔自治区博乐市现代农业产业园

附录 2-4

2020 年国家现代农业产业园创建名单

序号	所在省区	产业园名称
1	北京市	北京市平谷区现代农业产业园
2	天津市	天津市宝坻区现代农业产业园

续表

序号	所在省区	产业园名称
3	河北省	河北省安平县现代农业产业园
4	河北省	河北省张家口市宣化区现代农业产业园
5	山西省	山西省平顺县现代农业产业园
6	内蒙古自治区	内蒙古自治区乌兰察布市察右前旗现代农业产业园
7	辽宁省	辽宁省瓦房店市现代农业产业园
8	吉林省	吉林省吉林市昌邑区现代农业产业园
9	黑龙江省	黑龙江省海伦市现代农业产业园
10	江苏省	江苏省泰兴市现代农业产业园
11	江苏省	江苏省盱眙县现代农业产业园
12	浙江省	浙江省瑞安市现代农业产业园
13	安徽省	安徽省宣城市宣州区现代农业产业园
14	福建省	福建省建宁县现代农业产业园
15	江西省	江西省万年县现代农业产业园
16	山东省	山东省阳信县现代农业产业园
17	河南省	河南省灵宝市现代农业产业园
18	河南省	河南省内乡县现代农业产业园
19	湖北省	湖北省蕲春县现代农业产业园
20	湖南省	湖南省永顺县现代农业产业园
21	广东省	广东省云浮市云城区现代农业产业园
22	重庆市	重庆市奉节县现代农业产业园
23	四川省	四川省资中县现代农业产业园
24	四川省	四川省南江县现代农业产业园

续表

序号	所在省区	产业园名称
25	贵州省	贵州省安龙县现代农业产业园
26	西藏自治区	西藏自治区工布江达县现代农业产业园
27	西藏自治区	西藏自治区那曲市色尼区现代农业产业园
28	陕西省	陕西省陇县现代农业产业园
29	新疆维吾尔自治区	新疆维吾尔自治区福海县现代农业产业园
30	新疆维吾尔自治区	新疆维吾尔自治区昌吉市现代农业产业园
31	新疆维吾尔自治区	新疆生产建设兵团第二师铁门关市现代农业产业园

附录 2-5

2021 年国家现代农业产业园创建名单

1. 北京市通州区现代农业产业园

2. 天津市滨海新区现代农业产业园

3. 河北省隆化县现代农业产业园

4. 河北省临城县现代农业产业园

5. 山西省大同市云州区现代农业产业园

6. 山西省稷山县现代农业产业园

7. 内蒙古自治区克什克腾旗现代农业产业园

8. 辽宁省凌源市现代农业产业园

9. 辽宁省桓仁县现代农业产业园

10. 吉林省公主岭市现代农业产业园

11. 吉林省龙井市现代农业产业园

12. 吉林省梨树县现代农业产业园

13. 黑龙江省勃利县现代农业产业园

14. 黑龙江省五大连池市现代农业产业园

15. 黑龙江省绥滨县现代农业产业园

16. 上海市崇明区现代农业产业园

17. 江苏省泰州市海陵区现代农业产业园

18. 江苏省无锡市惠山区现代农业产业园

19. 浙江省苍南县现代农业产业园

20. 安徽省颍上县现代农业产业园

21. 福建省福鼎市现代农业产业园

22. 江西省萍乡市湘东区现代农业产业园

23. 江西省广昌县现代农业产业园

24. 山东省嘉祥县现代农业产业园

25. 山东省烟台市莱山区现代农业产业园

26. 山东省齐河县现代农业产业园

27. 河南省新乡市平原城乡一体化示范区现代农业产业园

28. 河南省永城市现代农业产业园

29. 湖北省孝感市孝南区现代农业产业园

30. 湖南省张家界市永定区现代农业产业园

31. 广东省清远市清城区现代农业产业园

32. 广东省化州市现代农业产业园

33. 广西壮族自治区全州县现代农业产业园

34. 广西壮族自治区苍梧县现代农业产业园

35. 海南省文昌市现代农业产业园

36. 重庆市万州区现代农业产业园

37. 重庆市丰都县现代农业产业园

38. 四川省三台县现代农业产业园

39. 四川省隆昌市现代农业产业园

40. 贵州省习水县现代农业产业园

41. 贵州省石阡县现代农业产业园

42. 云南省寻甸县现代农业产业园

43. 西藏自治区萨迦县现代农业产业园

44. 西藏自治区当雄县现代农业产业园

45. 陕西省柞水县现代农业产业园

46. 甘肃省武威市凉州区现代农业产业园

47. 青海省门源县现代农业产业园

48. 宁夏回族自治区银川市西夏区现代农业产业园

49. 新疆维吾尔自治区墨玉县现代农业产业园

50. 新疆维吾尔自治区霍城县现代农业产业园

附录 2-6

2020 年国家现代农业产业园创建基本情况表

县级人民政府审核盖章　　省级农业农村部门审核盖章　　省级财政部门审核盖章

一、产业园基本信息			
产业园名称		详细地址	

续表

联系人姓名		联系方式	

二、产业园发展指标

指标名称		单位	数值	备注
基本情况	农业总产值	亿元		
	产业园规划面积	亩		
	其中：农田有效灌溉面积			
	主导产业面积（种植业）			
	主导产业一（名称：　　）产量	吨		
	主导产业二（名称：　　）产量			
	养殖面积	亩		
	其中：标准化养殖面积			
主导产业	产业园总产值	万元		
	主导产业产值			
	其中：一产产值			
	二产产值			
	主导产业加工转化率	%		
科技支撑	良种覆盖率	%		
	农作物耕种收综合机械化率			
	新品种新技术研发引进推广经费支出	万元		
	省级及以上科研单位设立研发平台	个		
	专业技术人员数量	人		

续表

集约经营	土地适度规模经营占比	%		
	入园参与主导产业生产经营企业	个		
	其中：国家级龙头企业			
	省级龙头企业			
	从事主导产业生产经营合作社			
	从事主导产业生产经营家庭农场			
绿色发展	绿色食品和有机产品认证面积	亩		
	绿色食品和有机产品认证个数	个		
	畜禽粪便（或秸秆）综合处理率	%		
	主要农作物化肥利用率			
	主要农作物农药利用率			
	园内农产品质量安全追溯管理的比例			
带动农民	带动就业人数	人		
	其中：二、三产业就业人数			
	园内农民人均可支配收入	万元		
支持水平	财政投入	万元		
	金融机构对产业园的贷款余额			
	社会资本投入			

注：表中填写数据应为2019年数据。

产业园创建负责人：　　统计负责人：　　填表人：　　填表日期：

第 3 章

现代农业产业园建设路径

3.1　现代农业产业园建设重点

现代农业产业园应该如何建设，建设重点有哪些？

专家指出，现代农业产业园建设应该按照政府搭台、企业唱戏、农民受益、共享发展的方式，以规模化种养基地为基础，依托农业产业化龙头企业，通过“生产 + 加工 + 科技”，聚集现代生产要素，创新体制机制，形成明确的地理界限和一定的区域范围，建设水平比较领先的现代农业发展平台。

新形势下推进现代农业产业园建设，要坚持高起点、高标准、高水平，突出产业特色、要素集聚、质量效益、辐射带动，集中打造一批乡村产业振兴样板区。重点是科学规划布局，加快构建国家、省、市、县产业园建设体系；推进全产业链建设，把产业园打造成三次产业融合的先导区；强化科技支撑，把产业园打造成先进技术装备研发应用高地；

突出优质安全，树立质量兴农、绿色兴农、品牌强农新标杆；创新联农带农方式，让农民有更多幸福感获得感。

1. 抓住优势主导产业

现阶段创建现代农业产业园，从中央到地方都非常重视。但从笔者接触的创建案例来看，不少地方反映，创建产业园以哪个为主导产业不好把握，总觉得地方特色产业太多了，什么都可以做，但什么都不容易突出。

需要强调的是，在国家现代农业产业园建设过程中，产业（尤其是优势特色产业）是最终的落地点，也是国家现代农业产业园建设的基石。

从各地国家现代农业产业园产业特征来看，各地的优势主导产业有很大的差别，例如黑龙江省以保障性粮食供给为主；山东省以特色丘陵农产品为主；广东省是大宗原料的供应基地；四川省基于盆地气候，以特色的药材、茶叶为主导产业。进一步而言，建设国家现代农业产业园一般都需要结合农业产业园的特色，培育和发展主导产业，做大做强之后，纵向拉长产业链，横向壮大产业规模。例如，山东省金乡县国家现代农业产业园是我国第一批被批准创建和认定的国家现代农业产业园之一，立足金乡资源优势，将大蒜作为主导产业。从做强第一产业、做优第二产业、做活第三产业等方面优化产业园的产业结构，加快生产要素聚集，促进金乡现代农业生产、加工、物流、科研、文化、示范、服务等环节相互融合，带动农民持续稳定增收，实现“经济、社会、旅游、生态”价值的最大化。

2. 发挥本地的产业优势，避免同质化竞争

建设现代农业产业园，首先要打好产业牌，按照因地制宜、产业导向的原则来建设。而产业导向要着眼于本地的资源禀赋，发挥本地的产业优势，避免同质化竞争。

当前，国内各类国家级、省级、市县级的农业产业园区、科技园区、示范园区等数量较多，容易出现产业的同质化竞争，这是建设现代农业产业园需要避免的。例如广东省明确提出一园一产业，园区之间的产业既要相互独立，又要互为补充。江苏省坚持因地制宜、彰显特色，在丘陵山区建设一批以应时鲜果为主导的园区，在水网密集地区建立以水产、水禽为主导的园区，在大中城市周边建成以拓展农业功能为主导的园区。南京江宁、扬州广陵的园区分别利用其邻近大都市的优势，推动科技、健康、人文等元素融入农业，打造创意农业、观光农业、康养农业。贵州省确定现代山地特色高效农业为园区发展方向，充分利用全省立体气候明显的优势，遵循山地经济规律，突出主导产业。园区建设标准和规划导则要求每个园区都要明确一个优势主导产业，最多不能超过3个，形成区域化布局、专业化生产的产业发展格局。在打造优势特色产业基础上，打造“生态贵州·绿色产品”的公共品牌。

3. 抓准科技定位

建设现代农业产业园要抓准科技定位。

现代农业区别于传统农业的关键在于科技要素的引入。建设现代农业产业园，各地一定要选择适合自己的科学技术，与本身的需求匹配。例如黑龙江省五常市一直有“五常大米乱天下、天下大米乱五常”的困扰，通过建设现代农业产业园物联网中心，实施“三确一检一码”（确认地块、品种、施肥量，质量检测，防伪码），实现全程质量追溯，从而解决了“五常大米真假难辨”的问题。具体来说，五常市现代农业产业园大规模采用新科技，农业生产实现了自动化监测、精准化作业、数字化管理、智能化决策、信息化服务，产业园建设了农业物联网服务中心，只要轻点鼠标，五常市的223.6万亩稻田实景即可一览无余。这里可以实现对五常大米生产全程监控、田间管理远程控制、农业技术远程服务及五常大米全程溯源防伪（详见本书第6章“国家级现代农业产业园案例解读”之“黑龙江省五常市现代农业产业园”）。

4. 重点扶持龙头企业

在现代农业产业园建设过程中，龙头企业发挥着举足轻重的作用，其不仅可以发挥自身在资金、技术和管理方面的优势，促进现代农业产业园的发展，而且在产业导入、带动其他企业发展方面具有重要的影响力。龙头企业是现代农业产业园的实施主体，一方面承担了园区基础设施建设和产业集聚的任务，另一方面与农民建立利益联结关系，带动农民就业创业。

因此，对于龙头企业政府应给予相应的扶持，提高其带动、辐射能力，助力发挥模范带头作用。政府要在土地、财政、资金、人才等方面大力扶持龙头企业，引导龙头企业通过“公司+农民合作社+家庭农场”“公司+家庭农场”等形式，联手农民合作社、家庭农场组建农业产业化联合体，做大做强优势特色主导产业。

调研发现，各地现代农业产业园在龙头企业的培育和引进方面的做法有所不同。例如黑龙江省引进国内外领军企业，壮大本地龙头企业，支持龙头企业组建大型企业集团和上市融资。

下面介绍屈家岭现代农业科技园PPP项目相关情况（案例3–1）。

【案例 3–1】

鼎正工程咨询股份有限公司作为屈家岭现代农业科技园 PPP 项目咨询机构参与了项目的前期工作。屈家岭现代农业科技园 PPP 项目规划用地面积 541566 平方米（约 812.3 亩），总体规划设施面积 257436 平方米，建筑密度为 47%。主体工程包含生产销售、物流配送、示范展示、职业培训、科普教育、生态休闲、观光旅游等功能。附属配套包含生态办公、休闲娱乐、生态餐饮等。主生产区以番茄种植为主，辅助生产区以绿色果蔬为主。该产业园是集蔬菜产、供、销于一体的三次产业融合的现代农业科技示范园区。

园区建设的特点一是高起点规划。按照"拉开大格局，构筑大框架，满足大项目"的总体思路，在建设过程中加强规划论证，坚持当前与长远结合、设施与露地结合、重点与一般结合，以优质、高效、安全为目标，围绕加快实现种植规模化、生产标准化、处理商品化、销售品牌化和经营产业化，进行高标准、高规格的规划。二是高质量建设，建成现代高效农业园区，并积极开展旅游观光休闲项目，大力发展生态农业。

项目总投资 37782.49 万元。主要建设玻璃温室、双膜拱棚、薄膜连栋温室等生产设施（图 3–1 至图 3–6），总体规划设施面积 257436 平方米。其中生产玻璃温室 132932 平方米；观光展示玻璃温室 4262 平方米；生态餐厅玻璃温室 3500 平方米；育苗薄膜连动温室 2 个，5170 平方米；生产型薄膜联动温室 8 个，36136 平方米；装配式日光温室 31620 平方米；控制中心冷链物流仓库 8838 平方米；嫁接愈合催芽室 1167 平方米；椰糠基质处理 / 废物烘干处理车间 5420 平方米；游客接待中心 300 平方米；仓库 3191 平方米；宿舍楼 1100 平方米；综合楼 2200 平方米，同时建设园区配套工程等。

图 3-1　生产玻璃温室和智能检测系统

图 3-2　轮转式栽培和立体管道栽培

图 3-3　花盆式栽培和立柱式栽培

图 3-4　装配式日光温室（12 米跨）

图 3-5　连栋薄膜温室

图 3-6　双膜拱棚温室（18 米跨）

5. 培养和引进高科技人才

随着科技与经济结合越来越紧密，现代农业产业园迫切需要知识面宽、适应性广的复合型科技人才。这种人才一般应具备两个专业以上的知识和技能，一专多能的人才非常受现代农业产业园的青睐。

现代农业产业园突出的特点是农业现代化、高科技应用。这就要发挥市场在资源配置中的决定性作用，培养和引进农业领域相关的人才，包括农业生产、加工、市场、营销、旅游、规划、金融、管理、财务等方面的人才，提供足够大的空间，让人才凭借资金、科技、创意等生产要素获取市场效益；要探索新机制，全面建立高等院校、科研院所等事业单位专业技术人员到乡村和企业挂职、兼职和离岗创新创业制度，发挥各类农业科技人员的作用；要建立有效激励机制，吸引支持企业家、党政干部、专家学者、技能人才等到现代农业产业园投资兴业；要建立城乡、区域、校地之间人才培养合作与交流机制；要以乡情乡愁为纽带，吸引本土优秀人才回乡创业。从农村走出去的大学生，拥有故土家乡的情愫，有回报乡梓的情怀，而且对农村更了解。现代农业产业园在技术、产业、环境等各方面具有突出的优势，能够让回乡创业的大学生充分运用自己所学知识，大展才华、大显身手。

建设现代农业产业园，培养和引进一批高科技人才后，还要为高科技人才提供优厚待遇，并为其创造良好的工作环境，提升园区竞争力，助力园区快速发展。

6. 制定科学的管理方法

建设现代农业产业园，需要制定科学的管理方法，制定奖罚分明的管理制度，提高员工积极性，确保园区建成后能够快速步入发展轨道。

3.2 现代农业产业园总体规划

建设现代农业产业园，一定要制定产业园总体规划，明确阶段性目标，使园区建设有计划、有目的，确保园区朝着既定的目标持续健康稳定地发展。第一，要进行规划编制。产业园建设要规划先行，真正做到在规划中一张蓝图绘到底；第二，要突出产业特色；第三，建设内容注意一二三产业融合。

具体来说，首先要明确园区的发展功能定位、主导产业、运作模式、盈利来源、竞争状况等；其次，要明确自身的资源禀赋、交通区位、市场资源、基础设施等。

1. 发展功能定位准确

建设现代农业产业园要发展功能定位准确，产业园建设思路清晰，发展方向明确，突出规模种养、加工转化、品牌营销和技术创新的发展内涵，突出技术集成、产业融合、创业平台、核心辐射等主体功能，突出对区域农业结构调整、绿色发展、农村改革的引领作用。

2. 园区规划布局合理

建设现代农业产业园，要与当地产业优势、发展潜力、经济区位、环境容量和资源承载力相匹配。产业园专项规划或方案要符合当地经济社会和农业发展规划的要求，并与有关规划相衔接。产业园要有明确的地理界限和一定的区域范围，全面统筹布局生产、加工、物流、研发、示范、服务等功能板块。

3. 明确园区的主导产业

在现代农业总体规划中，一定要明确园区的主导产业。

国家现代农业产业园创建要求园区主导产业集中度较高，一般要占产业园总值的 50% 以上。2017 年国家现代农业产业园创建工作重点指出，要做大做强主导产业，建设优势特色产业引领区。依托优势特色主导产业，建成一批规模化原料生产大基地，培育一批农产品加工大集群和大品牌，将产业园打造为品牌突出、业态合理、效益显著、生态良好的优势特色产业发展先行区。

例如，浙江省慈溪市现代农业产业园地处长三角区域中心，交通便捷。产业园主导产业清晰，已基本形成优质粮食（4万亩）和精品蔬果（9.1万亩）两大主导产业，绿色生态循环等配套产业（畜牧养殖业）和粮食蔬果加工产业健全的规划体系，出口蔬菜等全产业链基本形成，三次产业高度融合。慈溪坚持以工业化的理念抓农业，把产业园建设作为现代农业发展的主抓手、主平台，并引进国际一流企业助力三次产业交叉融合发展，推动农业走上规模化、智能化的“快车道”。慈溪的这一发展经验已经被列入全国现代农业发展七大模式之一，连续三年在浙江省农业现代化发展水平综合评价中位居前三。

又如，湖北省潜江市现代农业产业园着力发展食品加工、小龙虾及优质淡水产品等主导产业，从产品深加工、延伸产业链上发力，推动相关企业进行废弃虾壳循环利用，建成甲壳素深加工产业集群，打造甲壳素之都。

4. 现代农业园区分类

现代农业园区主要有以下类型（见表3–1）。

表3–1　现代农业园区分类

序号	分类标准	主要内容	主要内容
1	按项目投入分	国家级农业高新技术开发区	
		国家级农业科技园	国家农业科技园区工作是党中央、国务院提出的一项重要任务。2018年12月，科技部发布《关于第八批国家农业科技园区建设的通知》，经地方推荐申报、现场考察等程序，认定北京平谷等32家农业科技园区为第八批国家农业科技园区。科技部公布的前8批国家农业科技园区共计216家

续表

序号	分类标准	主要内容	主要内容
1	按项目投入分	高效农业示范区	
		省市级农业科技园区	
2	按建设目标分	开发区型	参照工业开发区的管理模式，成立园区管委会，负责招商引资，为进园的各种业主服务，形成一园多企、独立经营的格局。以政府综合规划、综合建设为主，通过实施优惠扶持政策、吸引各类企业和科技人员进园投资兴办农业科技企业
		科技开发型	以科技项目为依托，围绕产品的产业化开发而建设的科技示范园区。由农业科技、教育、推广单位的科技人员带着项目、资金、技术到园区组织实施，实行产业化经营、企业化管理，股份化投资，形成了一批科技人员领办的科技开发企业
		生产展示型	重点是新品种、新农艺、新材料、新种植模式等的集中试验、示范、培训和展示。技术成熟度高，实用性强，见效快，农民易接受。以县乡农业科技推广人员为建设主体
3	按示范内容分	设施园艺型	以玻璃温室、节能日光温室和塑料大棚等现代化农业设施为基础，采用现代工程技术手段和工业化生产方式，为植物生产提供适宜环境，获得较高产出、优良品质和良好经济效益
		节水农业型	一般建在缺水干旱地区，以改善地面灌溉条件，提高水资源利用率为目标，采用喷灌、滴灌等高新节水技术，把节水灌溉技术与农业节水措施结合在一起，形成综合的农业节水技术体系

续表

序号	分类标准	主要内容	主要内容
3	按示范内容分	生态农业型	以资源可持续利用和农业生态良性循环作为主要示范内容，注重把传统农业精华和现代科技相结合，采用系统工程的手段，发挥系统整合功能，通过物质循环、能量多层次综合利用和系统化深加工达到经济增值的目的，实现废弃物的资源化利用，改善农村生态环境，提高林草覆盖率，减少水土流失和污染，提高农产品安全性
		农业综合开发型	在农业综合开发土地治理项目的基础上，引进一批新品种和先进集约化种养技术，发展一批以农副产品加工为主的龙头企业，建立连片的农副产品加工基地，促进农产品深度开发的多层次加工增值，培育新的农业经济增长点，带动种养产业升级
		“三高”农业型	主要以先进农业技术为先导，以发展“高产高质高效”农业技术示范为主要目的。这是一种通过引进和推广优质动植物品种，进行作物高产栽培技术和良种动物养殖示范和推广，以提高粮、棉、油、肉、奶等的产出，获得高质量农产品的现代农业生产经营模式
		“外向创汇”型	以发展外汇型农业为主要出发点，以出口创汇、开拓国外市场为目的而建设的现代农业科技园区。此类型园区有的以高新技术嫁接和改造传统农业，促进传统名优农产品出口；有的注重引进国外优良品种和育种技术，采用“两头洋，中间土”的模式，带动农户实行生产、加工、销售一体化

资料来源：中商产业研究院《2019—2024年中国现代农业园区市场前景及投资机会研究报告》。

3.3 现代农业产业园品牌建设

作为农业现代化的核心标志，农业品牌化是我国农业产业转型升级的必然选择。品牌农业就是要彻底改变传统农业生产、加工和经营的思路，以工业化的思维，采取先进的管理思想、技术、品牌营销模式，以全新的方式发展现代农业。

1. 品牌建设有助于增强产业园竞争力

现代农业产业园需要快速建立自身品牌，品牌有助于增强产业园的竞争力，而且能够产生溢价效果。例如，近年来，广东“新会陈皮”在全国打响。“新会陈皮”地理标志商标注册后，新会陈皮产业产值从注册前的3亿元暴增至9亿元，产业从业人数从注册前的4000人增长到12000人，注册后新会地区年度经济规模扩大20%，新会陈皮及其衍生产品远销东南亚、南美等地，年出口量达400吨。“新会陈皮”成为广东推动农产品品牌建设的典型案例。

2018年是广东省级现代农业产业园建设启动年，全省发布了50个省级现代农业产业园建设名单，每个产业园5000万元的省级财政补助资金同步下拨，资金直接拨付至各产业园建设牵头实施企业账户。省级现代农业产业园建设将责任主体和实施主体分开，政府是责任主体，企业是实施主体。这一建设模式创新性强，将极大激发共建企业的积极性，提高资金使用效率，加快产业园建设进度。实施企业多计划将部分资金用于品牌建设，这将对现代农业产业园的建设起到重要的作用，为现代农业产业园未来持续健康发展提供强大的动力。

2. 品牌建设是国家现代农业产业园的要求

传统农业经济效益较差的原因之一就是没有品牌，不能产生品牌价值。创建国家现代农业产业园要求：第一，产业园建设思路清晰，发展方向明确，突出规模种养、加工转化、品牌营销和技术创新的发展内涵；第二，产业园生产标准化、经营品牌化、质量可追溯，产品优质安全，无公害农产品生产全覆盖，绿色食品认证比重较高；第三，产业园绿色、低碳、循环发展长效机制基本建立。

此外，国家现代农业产业园创建还要依托优势特色主导产业，建成一批规模化原料生产大基地，培育一批农产品加工大集群和大品牌，将产业园打造为品牌突出、业态合理、效益显著、生态良好的优势特色产业发展先行区。

调研发现，目前国内诸多批准创建和认定的国家现代农业产业园将品牌建设作为园区建设的重中之重。下面以 2017 年 9 月农业部、财政部批准创建的 30 个现代农业产业园之一——宁夏回族自治区贺兰县国家现代农业产业园为例作详细介绍（见案例 3-2）。

【案例 3-2】

为做好产业园品牌建设，2019 年 5 月，贺兰县国家现代农业产业园管委会办公室发布《关于做好贺兰县国家现代农业产业园农产品品牌建设项目申报工作的通知》（贺园办函〔2019〕10 号）。该通知指出，贺兰县国家现代农业产业园农产品品牌建设总体目标为按照特色产业、高品质、高端市场、高效益的“一特三高”现代农业发展思路，产业园主攻优质粮（水稻）、蔬菜、草畜三大主导产业，打造享有较高知名度和影响力的贺兰农产品整体品牌形象，培育一批特色鲜明、知名度较高、发展潜力大、带动能力强的贺兰农产品区域公用品牌、企业品牌和产品品牌等。用品牌引导消费、带动市场，全面提升农产品品牌效应，加快农业提质转型升级步伐，努力实现贺兰县从农产品生产大县到品牌农业强县的转变。在农产品品牌建设支持方面，一是对产业园内经营主体或产业联合体创建的蔬菜、奶制品、优质粮（大米）中国名牌产品、地方著名商标和县域公用品牌等名牌产品，分别给予以奖代补激励；二是对参加自治区级及以上蔬菜、奶制品、优质粮（大米）优质农产品展示、展销和宣传推介活动（含区内、区外）的经营主体，分别给予以奖代补激励。

3. 加强宣传营销，搭建信息桥梁

现代农业产业园品牌建设，需要借助互联网、App、微信等多种媒介，传播乡村生产、生活和生态理念，传扬乡村文化，宣传现代农业产业园的产品，重点通过电商平台、体验店、社区直营等线上线下相结合的方式，创新营销模式，畅通产品渠道，推广农业品牌。

3.4 现代农业产业园建设需要多主体参与

现代农业产业园投资规模大、建设和运营周期长，因此，需要多主体参与才能保证现代农业产业园的建设和运营。

现代农业产业园倡导开门办园，既引导农业大户、家庭农场、农民合作社、农业产业化龙头企业等新型农业经营主体参与产业园的建设，

又扶持农民和返乡下乡人员入园创业创新；鼓励各方主体通过土地租赁、股份合作等形式入园创业创新，搭建一批创业见习、创客服务平台，降低创业风险成本，将产业园打造为“双创”孵化区。

现代农业产业园的建设是一个系统工程，涉及政府、社会资本和农民等各方主体。

1. 新型农业经营主体是现代农业产业园的重要参与者

现代农业产业园经营模式主要有四种：一是“企业 + 基地”（土地流转），二是“企业 + 农户”（订单农业），三是“企业 + 合作社”（合作社入股企业），四是“合作社 + 企业”（合作社成立企业），五是“合作社 + 农户”（农民成立专业合作社）。

我国的农业现代化实质上是由新型农业经营主体主导的。自 2013 年中央 1 号文件提出发展新型农业经营主体以来，各类新型农业经营主体取得了极大的发展，且为推进我国农业现代化起到了重要的作用，尤其是在农业新产业、新业态高速发展方面表现突出，如发展休闲农业、生态农业、会展农业、创意农业、景观农业、智慧农业等新产业新业态。

新型农业经营主体是构建现代农业经营体系的根本，主要包括专业大户、家庭农场、农民合作社、农业产业化龙头企业等四大主体。专业大户是指在种植、养殖生产规模上明显大于传统农户，且具有较强经营管理能力的专业化农户。家庭农场是指以家庭成员为主要劳动力，从事农业规模化、集约化、商品化生产经营，并以农业收入为家庭主要收入来源的新型农业经营主体。农民专业合作社是指在农村家庭承包经营基础上，同类农产品的生产经营者或者同类农业生产经营服务的提供者、利用者，自愿联合、民主管理的互助性经济组织。农业产业化国家重点龙头企业是指以农产品生产、加工或流通为主业，通过合同、合作、股份合作等利益联结方式直接与农户紧密联系，使农产品生产、加工、销售有机结合、相互促进，在规模和经营指标上达到规定标准并经全国农业产业化联席会议认定的农业企业。各经营主体介绍详见表3–2。

表3–2　新型农业经营主体

类型	释义	数量
专业大户	专业大户也称种养大户，是指在种植、养殖生产规模上明显大于传统农户，且具有较强经营管理能力的专业化农户。专业大户主要以某种单一的农产品初级生产为主，其规模要大于分散经营农户的生产规模，而且专业化程度较高。专业大户是农村剩余劳动力转移带来的结果，我国农业生产经营方式从初期的分户承包经营开始，随着商品经济的发展，小农户的封闭性缺陷逐渐显露，专业大户应运而生，它能够较好地弥补这种缺陷。区分专业大户与一般农户主要有两个维度，即规模和专业化程度。专业大户的特点是所生产的农产品较为单一，参与市场流通比较被动，生产效率和普通农户相比有所提高	
家庭农场	家庭农场是以家庭成员为生产主体的企业化经营单位，具有法人性质，和专业大户相比，虽然都是以家庭为单位，但家庭农场产业链较长，集约化、专业化、规模化程度较高，生产技术和装备较为先进，并非单纯从事初级的农产品生产，而是集专业化的农产品生产、加工、流通、销售于一体，可以涵盖到三次产业	截至2019年4月，我国有家庭农场60多万家

续表

类型	释义	数量
农民合作社	农民专业合作社即农户之间通过土地、劳动力、资金、技术或者其他生产资料，采取一定合作方式形成的经营联合体。这种模式是一种互助性质的农业生产经营组织，其规模更大，专业化水平更高，与市场的结合程度也更高，以农民自愿为前提。农民专业合作社的特点是分工明确，从生产、加工到销售都有专门的团队在做，其生产效率也因此得到提高。农民合作社一般由专业大户牵头，带动一定区域内的普通农户入社发展。专业大户是发起设立合作社的驱动器，政府、基层组织发起设立的合作社也常常动员大户作为发起人之一。在“龙头企业 + 合作社 + 农户”的发展模式下，专业大户带领下的农户加入合作社，合作社对外与企业签订合同，农户按照企业的标准完成初级农产品的生产，保障了企业的原材料供应，降低了企业分散采购的成本，提高了企业的效益，同时也降低了农户的生产经营风险，提高了农户的收入水平，而农民合作社在其中起着桥梁作用，实现了农户、合作社、企业三方共赢的局面	截至 2019 年 8 月底，全国依法登记的农民合作社共有 220.7 万家
农业产业化龙头企业	农业产业化龙头企业所经营的内容可以涵盖整个产业链条，涉及农产品的种植、加工、仓储、物流运输、销售甚至科研，其组织化程度和专业化水平都比较高，主要合作模式有“企业 + 基地 + 农户”“企业 + 专业合作社 + 基地 + 农户”等，在实现自身发展的同时，也能带动农户的发展，甚至带动一个区域的特色农产品的发展，效率远高于专业大户、家庭农场、农民合作社等三种新型农业经营主体	截至 2019 年 4 月，全国有农业产业化龙头企业 8.7 万家，其中国家重点龙头企业 1243 家

2. 龙头企业作用明显

需要指出的是，国家乡村振兴战略为各类投资者，尤其是涉农类的投资者（投资机构、企业、创业者等）进入现代农业生产经营领域提供了众多的发展机遇，包括央企、地方国企、民企等在内的越来越多的社会资本进入广大农村，开发建设现代农业产业园区。

调研发现，企业（尤其是龙头企业）是现代农业产业园的实施主体：它们一方面承担了园区基础设施建设和产业集聚的任务；另一方面与农民建立紧密的利益联结关系，带动农民就业创业，让农民享受第二、第三产业的增值收益，大大提高了农民的生产和生活水平。

3. 农民是现代农业产业园建设运营的重要主体

一方面，从国家推广现代农业产业园的目的来看，最重要的是通过引进社会资本，发挥各类主体的作用，大力发展现代农业，促进城乡融合，发展农村经济，最终提高农民的生活水平；另一方面，从现代农业产业园所处的位置来看，绝大多数都位于农村，与农民的土地、农民的生活区域紧紧联系在一起，可以说是你中有我，我中有你，不可能分开，这一点与此前的工业园完全不同。所以说，无论从哪个角度来看，农民都是现代农业产业园的重要主体，本地农民不能在产业发展和利益分享中被“挤出”，否则既违背国家推广现代农业产业园的初衷，实践中要推进现代农业产业园的建设也不现实：发展产业需要流转农民的土地，发展休闲旅游需要租赁农民的住房，产业园建设需要农业，产业园经营也需要与农民合作或雇佣农民，等等。

所以，社会资本一定要与农民建立紧密的利益联结机制，通过土地经营权出租、作价入股，以及联营、雇佣等各种方式，将社会资本与农民紧紧地“捆”在一起，发挥农民的积极性。社会资本既实现自身的投资收益，又能够让项目所在地的农民分享现代农业产业园发展壮大的成果。

4. 咨询机构在现代农业产业园建设中的作用不容忽视

在现代农业产业园建设过程中，专业咨询机构是不可或缺的一块拼图。

以现代农业产业园创建为例，其需要借助专业咨询机构的力量。通常情况下，专业咨询公司可以从以下几个方面帮助地方政府申报现代农业产业园：一是结合项目所在地的资源禀赋，为地方政府做好本地项目的申报规划，和地方政府沟通项目指标的达标可能性，谨慎筛选合适的产业项目和国家补助政策做对接；二是为地方政府精细分析各项指标，能够拿满分的拿满分，不能拿满分的争取高分，同时更注重达成指标的可行性，从长远的角度考虑后期产业园的验收认定，促进政策导向在企业中落地。例如，园区如果是农业科技园区，就要在材料中突出展现科技创新、研发应用、试验示范、科技服务与培训等功能；如果是现代农业示范园区，则应突出现代农业示范、试点等功能；如果是农产品加工园区，则突出龙头企业带动，发展农产品精深加工等特色；如果是设施农业园区，就应突出建设智能化温室、设施大棚，推广工厂化育苗、立体栽培、物联网等先进技术。所有类型的园区都要强调产供销一体化、全环节升级、全链条增值，和农民分享第二、第三产业增值收益等关键指标。此外，咨询机构还要根据现代农业产业园具体政策，辅导地方政府申请大额补助资金。

3.5 发展现代农业产业园电商

1. 农村电商作用显著

农村电商的作用不言而喻：一是大大拓宽了企业，尤其是农业企业的市场维度，使企业的营销渠道进一步下沉，营销触角进一步延伸，营销空间进一步加大；二是生活水平日益提高的广大农村居民可以更便捷地享受社会经济发展的成果；三是与全国市场甚至全球市场的距离进一步缩小，商品和服务的流通效率大大提高，对国家的经济建设具有重要的推动作用。

2. 农村电商迅猛发展

欧美发达国家信息化技术起步较早，早在20世纪末互联网覆盖率就接近40%。其中美国、英国、日韩农业电商较为成熟，主要分为资讯服务和交易平台两个方向，垂直类电商容易在市场竞争中占据有利地位。

农村电商一直得到我国政策支持和市场利好，“中央1号文件”连续多年提到农村电商。

近年来，随着我国互联网的迅速发展和普及，网民数量持续增长，网民的特征结构也在发生相应的变化。中国互联网网络信息中心（CNNIC）发布的第47次《中国互联网络发展状况统计报告》显示，截至2020年12月，我国网民规模为9.89亿，较2020年3月增长8540万，互联网普及率达70.4%，较2020年3月提升5.9个百分点。截至2020年12月，我国手机网民规模达9.86亿，较2020年3月增长8885万，网民月增长5471万，网民使用手机上网的比例达99.7%，手机上网已成为网民最常用的上网渠道。在此背景下，我国互联网开始向广大农村下沉，再加上手机、电脑等电子产品的迅速普及，为电商布局农村奠定了坚实的基础。此外，目前我国城市市场日趋饱和，在“互联网+”战略的指引下，电子商务不断发展，开始成为各行各业拓展市场的主力军，广大电商开始将农村作为重要的市场。国内各大电商巨头如京东等纷纷转战农村市场，布局农村电商，农村电商已经成为电商发展的新引擎。

多方因素作用下，农村电商的发展速度完全可以用“迅猛”二字来形容。数据显示，2020 年全国农村网络零售额达 1.79 万亿元，同比增长 8.9%。2020 年全国网上零售额 11.76 万亿元，比上年增长 10.9%，在所有商品网络零售额中，农产品占比达 14.97%。2019 年全国农村网商已有近 1200 万家，带动就业人数超过 3000 万人。

此外，我国积极开展电子商务进农村综合示范工作，近几年取得了三大成效：一是助力扶贫攻坚作用显著。2020 年，电商进农村实现 832 个贫困县全覆盖，对 102 个县给予第二轮提升性支持，村级电商站点覆盖率达到 70%。电商扶贫累计带动 771 万农民就地创业就业，带动 619 万贫困人口增收。二是带动各类企业加速进入农村电子商务领域。2016 年，京东在 1700 多个县建立了县级服务中心和京东帮扶店，培育了 30 万名乡村推广员，覆盖 44 万个建制村。苏宁在 1000 多个县建立了 1770 家直营店和超过 1 万家授权服务点。菜鸟网络农村物流搭起了一张覆盖 700 多个县、3 万个村的农村物流网络。拼多多将订单成规模地对接上“最初一公里”的分散果园和农田。在直连全国超过 1600 万农户的基础上，电商进农村对中国上千个特色产业带的发展发挥了巨大的推动作用。三是农村电商成为农村青年就业、创业的重要抓手。以福建省为例，2017 年全省农村电商助力精准扶贫工作成效显著，带动建档立卡贫困户 2330 人，增收 752.8 万元，人均增收约 3230 元。截至 2018 年，全省已创建 17 个国家级电子商务进农村综合示范县，25 个省级农村电子商务示范县，154 个省级农村电子商务示范村，实现了全省贫困县农村电商示范工作全覆盖。福建省福安市是我国南方最大的葡萄生产基地，当地100多个村庄共种植巨峰葡萄7万多亩，其中设施农业种植葡萄5.5万亩，年产值超过7亿元。总产量的30%通过电商平台销售，且网络销售单价比当地销售均价高出30%左右，年销售总额超过3亿元，惠及7.5万户农民。福安连续三年入选中国电商百佳县，被列入福建省首批农村电子商务示范县。

3.6 国家现代农业产业园的认定

国家现代农业产业园批准创建后，该怎样认定，认定条件和程序又有哪些呢？

1. 国家现代农业产业园认定条件

根据《关于开展国家现代农业产业园创建绩效评价和认定工作的通知》(农办规〔2018〕15号)，国家现代农业产业园认定条件主要有以下几个方面：

（1）主导产业发展水平全国领先。

产业园主导产业实现“生产+加工+科技”的发展要求，种养规模化、加工集群化、科技集成化、营销品牌化的全产业链开发格局已经形成，农业生态价值、休闲价值、文化价值充分挖掘，实现三次产业融合发展，生产、加工、物流、休闲、研发、示范、服务等发展板块布局合理、相对集中、连接紧密。产业园年总产值超过30亿元，主导产业覆盖率达到60%以上，适度规模经营率达到60%以上，已建成大型原料生产区或产业带，形成对第二、第三产业的有力支撑。农产品初加工转化率达到 80% 以上，农产品加工业产值与农业总产值比重达到 3∶1。产业园已经成为品牌突出、业态合理、效益显著、生态良好的优势主导产业发展示范区。贫困地区产业园产业扶贫成效显著，成为构建稳定脱贫长效机制的重要平台。

（2）中央财政奖补资金使用高效规范。

中央财政奖补资金按既定方案使用、规范合理支出，突出重点、集中使用、创新方式，重点用于产业园基础设施建设和提升公共服务水平，在提升设施环境、科技支撑、品牌培育、产品营销、折股量化联农带农等方面发挥积极作用，并取得显著成效。中央财政奖补资金使用进度原则上超过 80%。

（3）技术装备水平区域先进。

产业园生产设施条件良好，生产经营信息化水平高。现代要素集聚能力强，技术集成应用水平较高，科技研发和技术推广体系健全，新产品、新技术、新装备开发应用成效明显，科研经费投入同比增长 5% 以上，与 3 家省级以上科研教育单位设立合作平台，农业科技贡献率达到 65% 以上。职业农民和专业人才队伍不断壮大，年培训新型职业农民或农村实用人才总数达到 200 人次以上。生产经营体系完善，规模经营显著，新型经营主体成为产业园建设主体力量。

（4）绿色发展成效突出。

产业园种养结合紧密，农业生产清洁，畜禽粪污综合利用率达到 80% 以上，果菜茶等农作物有机肥替代化肥成效明显，秸秆、农膜得到有效处理或利用，农业环境突出问题得到有效治理。生产标准化、经营品牌化、质量可追溯，产品优质安全，园内农产品抽检合格率达到99%以上。绿色、有机、地理标志农产品认证比例达到80%以上。农业绿色、低碳、循环发展长效机制基本建立。

（5）带动农民作用显著。

创新建立联农带农激励机制，形成合作制、股份制、订单农业等多种利益联结模式，园内30%以上的农户加入合作社联合经营，建立了一批“农户+合作社+公司”“农户+公司”等发展模式，农民能够充分分享第二、第三产业增值收益。农业保险覆盖面广，在帮助小农户节本增效、对接市场、抵御风险、拓展增收空间等方面的作用明显，促进了小农户和现代农业发展有机衔接。园内农民人均可支配收入比全县平均水平高出30%以上。

（6）政策支持措施有力。

地方政府支持力度大，统筹整合财政专项、基本建设投资等资金用于产业园建设，在用地保障、财政扶持、金融服务、科技创新应用、人才支撑等方面有切实有效的政策措施，针对性和可操作性强。水、电、路、网络等基础设施完备。

（7）组织管理健全完善。

产业园所在地党委政府高度重视，建立由党委或政府领导牵头的国家现代农业产业园建设领导小组，统筹协调相关重大建设举措，及时解决重大问题。产业园重点工程进展达到预期目标。政府有效引导金融和社会资本投入产业园建设，多企业、多主体建设产业园的积极性充分调动，形成了产业园持续发展的动力机制。

（8）出现以下情况的“一票否决”。

产业园如出现“大棚房”整改工作截至2018年12月底仍不到位，中央财政奖补资金直接用于企业生产设施投资补助、建设楼堂馆所、一般性支出，发生重大环境污染或生态破坏问题，发生重大农产品质量安全事故，提供虚假资料骗取创建资格等情形，不得申请认定，并视情况追究责任。

2. 国家现代农业产业园认定程序

国家现代农业产业园认定程序如下：

（1）产业园开展绩效自评。

各产业园在全面总结创建任务完成情况和发展建设情况的基础上，对照创建方案、中央财政奖补资金使用方案和认定条件进行绩效自评。

（2）产业园所在县提出申请。

自评认为达到认定条件的产业园，由所在地县级人民政府提出认定申请。

（3）省级审核推荐。

省级农业农村、财政部门对申请认定的产业园进行审核并出具意见，符合认定条件的向农业农村部、财政部推荐。广东省农垦总局直接报送农业农村部、财政部。

（4）农业农村部、财政部认定。

农业农村部、财政部通过创建绩效评价、现场实地考察等方式，认定符合条件的产业园。

3. 首批国家现代农业产业园认定

2018年12月，根据《关于开展国家现代农业产业园创建绩效评价和认定工作的通知》(农办规〔2018〕15 号),农业农村部、财政部启动了首批国家现代农业产业园认定工作。经产业园创建绩效自评、所在县申请认定、省级审核推荐、创建绩效评价、现场考察等程序,国家现代农业产业园建设工作领导小组办公室研究提出了首批 20 个国家现代农业产业园拟认定名单。2019 年 4 月,在广东省江门市召开的全国现代农业产业园工作推进会上,首批 20 个国家现代农业产业园被认定并授牌(见表 3-3)。

表 3-3 首批 20 个国家现代农业产业园认定名单

序号	所在省区	产业园名称
1	四川省	四川省眉山市东坡区现代农业产业园
2	河南省	河南省正阳县现代农业产业园
3	山东省	山东省金乡县现代农业产业园
4	黑龙江省	黑龙江省五常市现代农业产业园
5	贵州省	贵州省水城县现代农业产业园
6	福建省	福建省安溪县现代农业产业园
7	湖北省	湖北省潜江市现代农业产业园
8	陕西省	陕西省洛川县现代农业产业园
9	吉林省	吉林省集安市现代农业产业园
10	浙江省	浙江省慈溪市现代农业产业园
11	广西壮族自治区	广西壮族自治区来宾市现代农业产业园
12	黑龙江省	黑龙江省宁安市现代农业产业园
13	江西省	江西省信丰县现代农业产业园

续表

序号	所在省区	产业园名称
14	黑龙江省	黑龙江省庆安县现代农业产业园
15	云南省	云南省普洱市思茅区现代农业产业园
16	江苏省	江苏省泗阳县现代农业产业园
17	内蒙古自治区	内蒙古自治区扎赉特旗现代农业产业园
18	湖南省	湖南省靖州县现代农业产业园
19	山东省	山东省潍坊市寒亭区现代农业产业园
20	山东省	山东省栖霞市现代农业产业园

4. 第二批国家现代农业产业园认定

根据《关于开展2019年国家现代农业产业园创建绩效评价和认定工作的通知》（农办规〔2019〕51号），农业农村部、财政部启动了第二批国家现代农业产业园认定工作。经产业园绩效自评、所在县申请认定、省级推荐、绩效评价和现场考察等程序，国家现代农业产业园建设工作领导小组办公室研究提出了第二批29个国家现代农业产业园拟认定名单，并于2019年12月进行公示（见表3–4）。

表3–4　第二批29个国家现代农业产业园拟认定名单

序号	所在省区	产业园名称
1	北京市	北京市房山区现代农业产业园
2	河北省	河北省邯郸市滏东现代农业产业园
3	山西省	山西省太谷县现代农业产业园
4	江苏省	江苏省无锡市锡山区现代农业产业园

续表

序号	所在省区	产业园名称
5	浙江省	浙江省诸暨市现代农业产业园
6	安徽省	安徽省宿州市埇桥区现代农业产业园
7	安徽省	安徽省和县现代农业产业园
8	安徽省	安徽省金寨县现代农业产业园
9	山东省	山东省泰安市泰山区现代农业产业园
10	湖南省	湖南省宁乡市现代农业产业园
11	湖南省	湖南省安化县现代农业产业园
12	广东省	广东省江门市新会区现代农业产业园
13	广东省	广东省徐闻县现代农业产业园
14	广西壮族自治区	广西壮族自治区横县现代农业产业园
15	广西壮族自治区	广西壮族自治区柳州市柳南区现代农业产业园
16	海南省	海南省陵水县现代农业产业园
17	重庆市	重庆市潼南区现代农业产业园
18	重庆市	重庆市涪陵区现代农业产业园
19	四川省	四川省峨眉山市现代农业产业园
20	四川省	四川省蒲江县现代农业产业园
21	贵州省	贵州省湄潭县现代农业产业园
22	陕西省	陕西省杨凌示范区现代农业产业园
23	陕西省	陕西省眉县现代农业产业园
24	甘肃省	甘肃省临洮县现代农业产业园
25	甘肃省	甘肃省定西市安定区现代农业产业园
26	青海省	青海省都兰县现代农业产业园

续表

序号	所在省区	产业园名称
27	宁夏回族自治区	宁夏回族自治区贺兰县现代农业产业园
28	新疆维吾尔自治区	新疆生产建设兵团阿拉尔市现代农业产业园
29	广东省	广东农垦湛江垦区现代农业产业园

5. 2020 年国家现代农业产业园认定

2020 年 4 月，根据《关于公布 2020 年国家现代农业产业园创建名单的通知》（农规发〔2020〕8 号），农业农村部、财政部启动了 2020 年国家现代农业产业园认定工作。经产业园绩效自评、所在县申请认定、省级推荐、绩效评价和现场考察等程序，农业农村部、财政部提出了 2020 年 31 个国家现代农业产业园拟认定名单（见表 3–5）。

表 3–5　2020 年 31 个国家现代农业产业园拟认定名单

序号	所在省区	产业园名称
1	北京市	北京市平谷区现代农业产业园
2	天津市	天津市宝坻区现代农业产业园
3	河北省	河北省安平县现代农业产业园
4	河北省	河北省张家口市宣化区现代农业产业园
5	山西省	山西省平顺县现代农业产业园
6	内蒙古自治区	内蒙古自治区乌兰察布市察右前旗现代农业产业园
7	辽宁省	辽宁省瓦房店市现代农业产业园
8	吉林省	吉林省吉林市昌邑区现代农业产业园

续表

序号	所在省区	产业园名称
9	黑龙江省	黑龙江省海伦市现代农业产业园
10	江苏省	江苏省泰兴市现代农业产业园
11	江苏省	江苏省盱眙县现代农业产业园
12	浙江省	浙江省瑞安市现代农业产业园
13	安徽省	安徽省宣城市宣州区现代农业产业园
14	福建省	福建省建宁县现代农业产业园
15	江西省	江西省万年县现代农业产业园
16	山东省	山东省阳信县现代农业产业园
17	河南省	河南省灵宝市现代农业产业园
18	河南省	河南省内乡县现代农业产业园
19	湖北省	湖北省蕲春县现代农业产业园
20	湖南省	湖南省永顺县现代农业产业园
21	广东省	广东省云浮市云城区现代农业产业园
22	重庆市	重庆市奉节县现代农业产业园
23	四川省	四川省资中县现代农业产业园
24	四川省	四川省南江县现代农业产业园
25	贵州省	贵州省安龙县现代农业产业园
26	西藏自治区	西藏自治区工布江达县现代农业产业园
27	西藏自治区	西藏自治区那曲市色尼区现代农业产业园
28	陕西省	陕西省陇县现代农业产业园

续表

序号	所在省区	产业园名称
29	新疆维吾尔自治区	新疆维吾尔自治区福海县现代农业产业园
30	新疆维吾尔自治区	新疆维吾尔自治区昌吉市现代农业产业园
31	新疆维吾尔自治区	新疆生产建设兵团第二师铁门关市现代农业产业园

第 4 章

现代农业产业园扶持政策及模式

4.1 各地积极推进现代农业园区建设

在国家政策的引领下，各地积极建设现代农业园区。下面介绍一些地区的具体推进情况。

1. 陕西省

陕西省是现代农业园建设起步较早的省份，早在 2015 年 7 月，陕西省人大常委会就审议通过了《陕西省现代农业园区条例》（以下简称《条例》），《条例》于 2016 年施行。该条例是全国首部规范现代农业园区建设的地方性法规，从法律层面规范了园区的建设经营、权益保护、服务保证和风险防范等活动。

《条例》规定，县级以上人民政府农业行政主管部门负责本行政区域内现代农业园区综合协调、业务指导和监督管理等工作，具体履行下列职责：指导现代农业园区建设，协调处理园区发展中的重大问题；负责土地承包经营权流转市场信息化建设，指导土地承包经营权流转；负责园区认定审核和园区建设项目监督管理；依法组织开展土地承包经营权流转纠纷调解、仲裁；法律、法规赋予的其他管理职权。园区所在地政府有义务加强供水、供电、道路、网络等基础设施建设，为园区发展创造良好的外部环境。

《条例》鼓励农民个人以土地承包经营权或者资金入股农民专业合作社或者企业，参与现代农业园区建设、经营和利益分配。鼓励支持国有农场、科研机构、大专院校及其科研技术人员以科技成果入股，参与现代农业园区建设、经营和利益分配。鼓励工商资本投资建设现代种养业、农产品加工流通、农业社会化服务、五荒资源治理开发等适合企业化经营的现代农业园区；鼓励企业与农民专业合作社、农户建立优势互补、合理分工、互利共赢、共同发展的利益联结机制。

在建设经营方面，《条例》规定园区经营者应当因地制宜发展粮、果、畜、菜、茶和其他具有地域特色的农业主导产业，制定园区规划。鼓励围绕主导产业发展集种植、养殖、加工、流通于一体的现代农业园区，延长产业链，提高农产品附加值，促进农业资源的循环利用。

根据陕西省农业农村厅发布的《关于2020年省级现代农业产业园创建名单的公示》（2020年7月10日），经省政府同意，陕西周至县等22个县（市、区）获批创建2020年省级现代农业产业园，具体名单详见表4-1。

表 4-1　2020 年陕西省省级现代农业产业园创建名单

序号	产业园名称
1	周至县现代农业产业园
2	☆陇县现代农业产业园
3	太白县现代农业产业园
4	☆千阳县现代农业产业园
5	旬邑县现代农业产业园
6	彬州市现代农业产业园
7	宜君县现代农业产业园
8	王益区现代农业产业园
9	☆富平县现代农业产业园
10	澄城县现代农业产业园
11	宝塔区南泥湾现代农业产业园
12	黄龙县现代农业产业园
13	横山区现代农业产业园
14	定边县现代农业产业园
15	洋县现代农业产业园
16	城固县现代农业产业园
17	略阳县现代农业产业园
18	汉滨区现代农业产业园
19	岚皋县现代农业产业园
20	山阳县现代农业产业园
21	丹凤县现代农业产业园
22	柞水县现代农业产业园

注：标注“☆”的，只批准创建，不安排省级财政补助资金。

根据陕西省农业农村厅发布的《陕西省第一批省级现代农业产业园认定名单公示》（2021 年 7 月 1 日），按照《陕西省农业农村厅 陕西省财政厅关于开展省级现代农业产业园绩效评价和认定工作的通知》（陕农业发〔2020〕124 号）要求，陕西省农业农村厅、财政厅组织开展了省级现代农业产业园认定工作。经报请省政府同意，拟认定平利县等 6 个县（市、区）为第一批省级现代农业产业园，名单详见表 4–2。

表 4–2 陕西省第一批省级现代农业产业园认定名单

序号	产业园名称
1	平利县现代农业产业园
2	泾阳县现代农业产业园
3	西安市阎良区现代农业产业园
4	合阳县现代农业产业园
5	乾县现代农业产业园
6	西安市高陵区现代农业产业园

根据陕西省农业农村厅发布的《2021 年陕西省现代农业产业园创建名单公示》（2021 年 7 月 1 日），按照《陕西省农业农村厅关于印发 2021 年省级农业专项资金项目申报指南的通知》（陕农计财〔2020〕59 号）要求，陕西省农业农村厅、财政厅组织开展了 2021 年省级现代农业产业园创建工作。经报请省政府同意，拟批准西安市长安区等 13 个县（市、区）创建 2021 年省级现代农业产业园，名单详见表 4–3。

表 4-3　2021 年陕西省省级现代农业产业园创建名单

序号	产业园名称
1	大荔县现代农业产业园
2	白河县现代农业产业园
3	岐山县现代农业产业园
4	长武县现代农业产业园
5	勉县现代农业产业园
6	西安市长安区现代农业产业园
7	镇安县现代农业产业园
8	吴起县现代农业产业园
9	佳县现代农业产业园
10	旬阳县现代农业产业园
11	杨陵区现代农业产业园（种业）
12	扶风县现代农业产业园（粮食）
13	蒲城县现代农业产业园（粮食）

下面介绍大荔县现代农业产业园建设情况（案例 4-1）。

【案例 4-1】

大荔县现代农业产业园位于大荔县冯村镇和埝桥镇，距县城以西 12 公里，紧邻大蒲公路。园区规划面积 5 万亩，总投资 2.01 亿元，建设期限为 5 年（2011—2015 年），核心区占地 1000 亩，包括工厂化育苗区，新品种、新技术试验示范区，标准化生产区，物流中心区，检测培训区，休闲观光农业区等六大功能区；辐射区包括温室蔬菜、温室时令水果、大棚瓜菜等三个板块。目前，核心区已投资2100万元，建成了5760平方米智能温室，4224平方米展示大棚，50个高标准示范温室，完成了工厂化育苗区及新品种、新技术示范两个功能区建设，年生产优质种苗1500万株，推广了菜、畜、沼一体化生态种植模式、病虫害绿色防控、秸秆生物反应堆、水肥一体化等新型生产技术。

园区按照“种植规模化、设施现代化、技术标准化、产业特色化、营销品牌化、管理科学化”的思路和“一区两轴三基地”的布局进行规划建设。以核心区建设为重点，辐射带动设施蔬菜生产基地、设施瓜菜生产基地、设施时令水果生产基地等三大特色产业板块建设，全力打造陕西一流现代农业园区。

2. 广东省

无论是创建现代农业产业园，还是通过政策支持现代农业产业园方面，广东省都走在全国的前列。

截至2019年9月，广东省已创建10个国家级、119个省级、55个市级现代农业产业园，基本实现了省级现代农业产业园覆盖主要农业县，形成了国家级、省级、市级现代农业产业园梯次发展格局，在乡村产业振兴方面跑出了“加速度”，带动了全省123万农民就业增收。

2018—2019年，广东省财政安排50亿元，扶持粤东西北地区建设100个省级现代农业产业园，2020年省财政计划再安排25亿元建设新一批省级现代农业产业园，珠三角地区自筹资金建设若干个省级现代农业产业园。

2019年9月，广东省出台《关于支持省级现代农业产业园建设的政策措施》(以下简称《政策措施》)，明确2020—2022年，将省级现代农业产业园列为省重点建设项目，立足于解决广东现代农业产业园建设的重大问题，从用地保障、财政和金融支持、税费减免、品牌建设、基础设施、环境保护和科技与人才等7个方面提出了21条政策措施。

（1）用地保障。

在用地保障方面，《政策措施》明确了保障省级现代农业产业园建设用地需求，要求产业园所在地级以上市按照不低于50亩/园的标准一次性安排农业产业园用地指标，在年度新增建设用地指标中保障农业产业园项目建设用地需求，并做到应保尽保。

（2）财政和金融支持。

在财政和金融支持方面，《政策措施》对农业产业园内农业民营企业提出了4条支持措施：一是企业2020年前在境内申请上市的，按规定对会计审计费、资产评估费、法律服务费、券商保荐费等中介费用，按不超过实际发生费用的50%给予补助，每家企业补助资金不超过300万元；二是企业在新三板成功挂牌的奖励50万元，进入新三板创新层的再奖励30万元；三是企业在省内区域性股权市场发行可转债或增资扩股成功进行直接融资的，按企业融资金额的2%给予补助，每家企业补助资金不超过300万元；四是企业在“广东省高成长中小企业板”挂牌的，按照融资金额的3%给予补助，每家企业补助资金不超过300万元。

（3）税费减免。

在税费减免政策方面，《政策措施》提出，落实制造业等行业16%的增值税税率降至13%，交通运输业、建筑业等行业10%的增值税税率降至9%等政策，确保所有行业税负只减不增。对政策实施后纳税人新增符合条件的增值税期末留抵税额，按有关规定予以退还。落实增值税小规模纳税人免税标准从月销售额3万元提高到10万元、小微企业所得税优惠等政策。

（4）品牌建设。

在品牌建设方面，《政策措施》要求，支持农业产业园内名优特色农产品参与农业品牌评定、省名特优新农产品评审。支持农业产业园企业参与创建“粤字号”农业知名品牌推介活动。农业产业园内新增认定的省级“菜篮子”基地，按规定每个补助5万元，农业产业园内通过农业农村部复查的国家定点市场，按规定每个补助20万元。

（5）基础设施建设。

在基础设施建设方面，《政策措施》有针对性地提出，要加强农业产业园客户供电服务，电网企业对照农业产业园清册，建立“一园一案”，并由地市级供电服务中心负责人担任农业产业园客户经理，保障农业产业园客户用电；新增报装用电时提供客户有效身份证明及农业产业园认定文件，电网企业直接受理报装办电。

（6）环境保护。

在环境保护方面，《政策措施》要求支持污染集中治理设施建设，确保与农业产业园同步规划、同步建设、同步投入使用，特别是抓紧推进污水处理设施及其配套管网建设，落实农业产业园的主体责任，确保废水稳定达标排放。

（7）科技与人才支持。

在科技与人才支持方面，《政策措施》明确了农业产业园科技研发与信息支撑专项经费按不低于省级财政补助资金的 2.5% 设立，主要用于技术研发和成果转化。

2021 年 6 月 21 日，广东省人民政府办公厅发布《关于转发省农业农村厅省乡村振兴局 2021—2023 年全省现代农业产业园建设工作方案的通知》（粤办函〔2021〕207 号，以下简称《广东省通知》），明确 2021—2023 年建设省级产业园 100 个左右，实现优势产业、农业县（市、区）、主要特色品种省级产业园全覆盖，争创一批国家级产业园，打造一批全产业链、在国内外具有竞争力的优势产业区（带）。《广东省通知》在建设布局、绩效要求、功能定位、建设主体、申报条件、申报程序等方面提出了要求（表 4–4）。

表 4–4 2021—2023 年广东省现代农业产业园建设工作方案工作重点

序号	主要方面	具体内容
1	建设布局	建设一批跨县集群产业园。围绕粮食、生猪、家禽、岭南水果、蔬菜、南药、茶叶、花卉、油茶、水产、橡胶、农产品冷链物流等优势产业带，立足大区域、引进大企业、依靠大科技、做强大品牌、形成大产业，实现优势产业跨县集群省级产业园全覆盖；建设一批特色产业园。围绕特色主导产业，补齐产业发展短板，实现农业县（市、区）、主要特色品种全覆盖，支撑县域现代农业高质量发展；建设一批功能性产业园。围绕服务主导产业，按照“核心技术 + 产业融合 + 场景实践 + 示范推广”要求，探索建设现代种业、加工服务、设施装备、数字农业、品牌培育等功能性产业园，提升主导产业整体效益；支持建设成效好的现有省级产业园扩容提质增效

续表

序号	主要方面	具体内容
2	绩效要求	跨县集群产业园、特色产业园主导产业中的第二、第三产业产值占其综合产值60%以上，实施主体与农民建立紧密的利益联结机制，产业园内农村居民人均可支配收入高于当地农民15%以上或年增速高于当地农村居民人均可支配收入1个百分点以上。其中，跨县集群产业园主导产业优势明显，基本形成优势产业带，种植业、养殖业类主导产业综合产值分别达到20亿元、40亿元以上，冷链物流类主导产业综合产值增长10%以上；特色产业园主导产业集中度高、精深度高和聚集度高，种植业、养殖业类主导产业综合产值分别达到10亿元、20亿元以上
3	功能定位	（1）突出优势特色产业引领。依托优势特色主导产业，建成一批高标准规模化原料生产大基地，培育一批农产品加工大集群和大品牌，将产业园打造成为品牌突出、业态合理、效益显著、生态良好的优势特色产业发展先行区，做大做强富民兴村产业。 （2）突出现代技术与设施装备集成。聚集市场、资本、信息、人才等现代生产要素，推进农科教、产学研融合，建设现代农业科技创新中心。每个产业园至少对接一个专家服务团队，推进科技成果转化，推广应用数字化、智能化等先进技术和装备，促进新旧动能转换。 （3）突出农村一二三产业融合发展。培育农业产业化联合体，促进小农户与现代农业发展有机衔接。积极发展农产品标准化生产和初加工、精深加工，推进加工产能集聚发展。挖掘农业生态价值、旅游休闲价值、文化价值，延伸产业链，构建集生产、加工、物流、销售、旅游、品牌、科技于一体的农业全产业链，实现农村一二三产业融合发展，并把产业链主体留在县域，让农民在产加销、贸工农一体化发展中分享更多产业增值收益。 （4）突出农业产业创业创新孵化。大力培育农业专业化社会化服务组织，推进农业生产托管服务。通过土地互换整治、租赁、入股、托管等方式加快土地流转，推进适度规模经营，提高农村承包地流转率。鼓励引导大型企业、农业龙头企业、农民专业合

续表

序号	主要方面	具体内容
3	功能定位	作社、家庭农场、供销社等经营主体通过股份合作等形式入园创业创新，鼓励农民工、退役军人和大学毕业生返乡进入产业园创业创新，搭建产业发展公共服务平台，提供专业化社会化服务，将产业园打造成为农业产业“双创”孵化区。 （5）突出农业高质量发展核心示范。坚持质量兴农，引领农业绿色发展，农业从增产导向转为提质导向。开展农业生产“三品一标”提升行动，创新完善农业支持保护制度，提高农业质量效益和竞争力。 （6）突出城乡产业协同发展。围绕乡村产业振兴对各类产业要素的配置需求，以完善农村产权制度与要素市场化配置为重点，加快激活主体、激活要素、激活市场，推进产城融合，率先建立健全城乡融合发展的体制机制和政策体系
4	建设主体	（1）责任主体。跨县集群产业园建设责任主体是市级政府。特色产业园建设责任主体是县级政府、省农垦集团公司、省供销社等。功能性产业园建设责任主体是省有关单位。责任主体的主要职责是负责产业园建设组织管理工作。 （2）实施主体。跨县集群产业园建设实施主体是企业、农民专业合作社，牵头实施主体必须是省级以上农业龙头企业或上市企业。特色产业园建设实施主体是企业、农民专业合作社，牵头实施主体原则上是省级以上农业龙头企业或省级以上扶贫农业龙头企业。功能性产业园建设实施主体是企业、农民专业合作社、省有关单位的下属单位，牵头实施主体是省级以上农业龙头企业、上市企业或省有关单位的下属单位。鼓励省内外大型企业，省农垦集团公司、省供销社下属企业参与产业园建设；优先选择上市企业、国家级农业龙头企业作为牵头实施主体（申报前需在当地注册并已投资建设涉农项目）。实施主体的主要职责是按照产业园建设绩效目标和任务清单，负责产业园建设和运营，联结带动农民广泛参与，建立紧密的利益联结机制。

续表

序号	主要方面	具体内容
4	建设主体	（3）监督主体。跨县集群产业园建设监督主体是省农业农村厅。特色产业园建设监督主体是市级政府、省农业农村厅。功能性产业园建设监督主体是省有关业务主管部门、省农业农村厅。监督主体的主要职责是督促责任主体落实产业园建设责任
5	申报条件	（1）主导产业突出。跨县集群产业园和特色产业园以优势、特色农产品生产为基础，建立包括生产、加工、研发、仓储、物流、营销等关键环节的全产业链体系。其中：申报跨县集群产业园须跨县域（单个县域产业种养规模不低于总规模20%），种植面积15万亩、生猪年出栏量200万头、家禽年出栏5000万羽、水产养殖面积2万亩以上；申报特色产业园须具备一定规模，种植面积5万亩、生猪年出栏量50万头、家禽年出栏1000万羽、水产养殖面积1万亩以上。粮食、天然橡胶以及特色鲜明的产业园，可适当降低规模要求。功能性产业园应在现代种业、加工服务、设施装备、数字农业、品牌建设等领域，居于全省行业领先地位，要素资源聚集基础较好，创新服务、技术成果转化能力较强，可显著提升产业发展水平。 （2）规划布局合理。牵头实施主体要编制产业园规划建设方案，经责任主体批准实施。规划建设方案要明确地理界限和区域范围（跨县集群产业园跨县域、特色产业园原则上跨3～5个乡镇、功能性产业园服务面向全省），全面统筹布局生产、加工、研发、示范、服务、旅游等功能板块，配套发展物流、电商等产业（功能性产业园根据实际需要进行布局）；与当地产业优势、发展潜力、经济区位、环境容量和资源承载能力相匹配，符合当地经济社会规划、国土空间规划、生态保护红线和农业农村发展规划等要求，并与有关规划相衔接；水、电、路、网络、通信等基础设施比较完备。 （3）建设用地落实。落实建设用地是申报产业园的前提条件，必须提前落实不低于50亩/园标准的产业园建设用地（符合国土空间规划），已取得土地使用权证或建设用地批准书，或已完成土地招拍挂程序。功能性产业园根据实际需要落实建设用地。

续表

序号	主要方面	具体内容
5	申报条件	（4）经营规模适度。制定土地流转奖补政策，建立健全激励机制。推行“产业园＋龙头企业＋生产基地＋农户”模式，依托农业龙头企业、农民专业合作社承接土地流转，园区范围内农村承包地流转率高于全省平均水平，生产性社会化服务体系健全。 （5）联农带农紧密。依托产业园主导产业带动发展一村一品、一镇一业，做大做强富民兴村产业。建立联农带农机制，安排一定比例省级财政资金折算为村集体产业项目入股实施主体参与分红，通过订单农业、“土地流转＋保底分红”等模式形成紧密合作关系，带动农民分享第二、第三产业增值收益。优先吸纳园区周边有意愿参与就业的脱贫不稳定户、边缘易致贫户和农村低收入群体就近入园就业。 （6）绿色发展突出。耕地安全利用率高，严禁在严格管控类耕地种植食用农产品，全面推行“一控两减三基本”，实现农药化肥使用减量增效，农业生产废弃物资源化利用模式广泛应用。符合动植物疫病防控要求和环保等相关规定。发展高效节水农业、低碳绿色农业。建立农产品质量安全管控机制和合格证制度，实现农产品生产、加工、流通全程可监控、质量可追溯、风险可控制，确保不发生重大质量安全事件。 （7）管理支持有力。建立产业园建设工作协调机制和市场化运作机制，形成政府引导、市场主导、企业运营、多方投入的建设格局。主导产业与产业园建设政策体系较为完善，在用地保障、财政扶持、金融服务、科技创新、人才支撑等方面有明确的政策措施
6	申报程序	跨县集群产业园由市级政府向省农业农村厅申报。特色产业园由县级政府报市级农业农村部门审核，经市级政府同意后向省农业农村厅申报；省农垦集团公司、省供销社等向省农业农村厅申报。功能性产业园由省有关单位、上市企业向省农业农村厅申报

根据《关于公布2020年第一批省级现代农业产业园建设名单的通

知》（粤农农函〔2020〕515号）、《2019—2020年全省现代农业产业园建设工作方案》和《关于推进广东优势产区现代农业产业园建设的工作方案》，广东省农业农村厅组织启动了2020年优势产区和特色产业现代农业产业园申报、核查、评审工作。经报省政府批准，韶关市生猪优势产区产业园等5个产业园列入2020年第一批优势产区现代农业产业园建设名单；汕头市澄海区狮头鹅产业园等23个产业园列入2020年第一批特色产业现代农业产业园建设名单；广州市番禺区名优现代渔业产业园等10个产业园列入2020年第一批珠江三角洲地区自筹资金建设省级现代农业产业园名单。根据《关于公布2020年优势产区（第二批）省级现代农业产业园建设名单的通知》（粤农农办〔2020〕184号），梅州市梅州柚优势产区产业园等3家园区列入第二批优势产区省级现代农业产业园名单。详见表4–5和表4–6。

表4–5　2020年第一批省级现代农业产业园建设名单

序号	产业园名称
一	**2020年第一批优势产区现代农业产业园建设名单**
1	韶关市生猪优势产区产业园
2	东莞市农产品冷链物流优势产区产业园（自筹资金建设）
3	江门市农产品冷链物流优势产区产业园
4	湛江市深海网箱养殖优势产区产业园
5	清远市红茶优势产区产业园
二	**2020年粤东粤西粤北地区第一批特色产业现代农业产业园建设名单**
1	汕头市澄海区狮头鹅产业园

续表

序号	产业园名称
2	韶关市乐昌市岭南落叶水果产业园
3	河源市东源县茶叶产业园
4	河源市和平县腐竹产业园
5	梅州市五华县丝苗米产业园
6	惠州市粤港澳流动渔民深海网箱养殖产业园
7	惠州市惠东县马铃薯产业园
8	惠州市龙门县三黄胡须鸡产业园
9	汕尾市海丰县丝苗米产业园
10	江门市台山市丝苗米产业园
11	阳江市深海网箱养殖产业园
12	阳江市阳西县程村蚝产业园
13	湛江市廉江市茶叶产业园
14	湛江市正大集团（遂溪）生猪产业园
15	茂名市电白区对虾产业园
16	肇庆市生猪产业园
17	肇庆市广宁县肉鸽产业园
18	清远市佛冈县水果产业园
19	清远市阳山县丝苗米产业园
20	德市连樟村果菜茶产业园
21	潮州市饶平县水产产业园

续表

序号	产业园名称
22	云浮市云安区花卉苗木产业园
23	云浮市新兴县丝苗米产业园
三	**2020 年珠江三角洲地区第一批自筹资金建设现代农业产业园名单**
1	广州市番禺区名优渔业产业园
2	广州市花都区渔业产业园
3	广州空港花世界现代农业产业园
4	广州市从化区粤港澳大湾区优质农产品供应链产业园
5	广州市从化区柑橘产业园
6	广州市从化区生猪产业园
7	广州市增城区丝苗米产业园
8	广州市增城区特色水果产业园
9	佛山市南海区九江鱼花产业园
10	佛山市顺德区优质草鲩产业园

表 4-6　2020 年优势产区（第二批）省级现代农业产业园建设名单

序号	产业园名称
1	梅州市梅州柚优势产区产业园
2	湛江市菠萝优势产区产业园
3	茂名市荔枝优势产区产业园

下面介绍番禺区名优渔业产业园建设情况（案例 4–2）。

【案例 4–2】

番禺区名优现代渔业产业园核心区位于石楼镇海鸥岛，总面积 34.61 平方千米（其中水域养殖面积约 3 万亩）。产业园功能布局为“一心一轴五区”。“一心”指国家级现代渔业科技创新中心。“一轴”指渔耕水乡休闲景观轴。“五区”指莲花山国家级中心渔港休闲渔业示范区、国家级名优种苗繁殖育种区、国家级渔业生态健康养殖区、现代化渔业加工流通区和产业融合发展区。

产业园已被纳入 2020 年珠江三角洲地区第一批自筹资金建设现代农业产业园名单，总投资 3.6 亿元，截至 2021 年 5 月，已落实项目 32 个，已开工项目 20 个，项目开工率约 62.5%，完成产业园建设总进度的 74%。

4.2 完善现代农业园产业园扶持政策

现代农业产业园是推进农业供给侧结构性改革、培育农业农村经济新动能的加速平台，是优化农业产业结构、促进一二三产业深度融合、探索现代农业发展的重要载体，是加快转变农业发展方式、提升农业发展质量的有效途径。为推进现代农业产业园发展，地方政府应完善现代农业产业园扶持政策。

1. 制定相关政策，健全园区运行机制

政府相关职能部门应及时制定一系列优惠、规范政策，为现代农业产业园的建设、运营和发展保驾护航，确保其能够健康快速地成长。而作为园区自身，在享受国家或地区的各项优惠政策的同时，应积极完善

运行机制，为园区创造良好的发展环境。

事实上，为推进现代农业产业园，各地方都出台了一系列扶持政策（见表4-7）。

表4-7 现代农业产业园各省扶持政策一览

序号	省区	主要扶持政策
1	四川省	明确到2022年，四川全省将建设1000个省、市、县三级现代农业产业融合示范园区，积极创建一批国家现代农业产业园。争取国家现代农业产业园创建奖补资金3亿元，争取农业农村部一二三产业融合试点资金1.6亿元，重点投入融合园区建设；省级现代农业畜牧业重点县、示范市县筹集资金3.44亿元，用于融合园区建设；省财政安排专项资金2.8亿元，其中1亿元支持5个省级现代农业产业园，1.2亿元支持30个现代农业产业融合示范园区，6000万元支持40个省级现代农业示范园；各级整合涉农项目资金130多亿元，吸引社会资本349亿元，集中投入融合园区
2	河北省	2019年上半年，河北省农业农村厅印发《现代农业精品园区建设专项工作方案》，提出2019年河北省在对已有的36个国家和省级现代农业精品园区继续高标准建设的基础上，再打造提升36个省级现代农业精品园区，总数达到72个。到2022年，全省打造120个现代农业精品园区，重点培育10个百亿园区，带动小麦、玉米、油料、乳品、肉类、果蔬、主食等7个超千亿特色优势产业。每个园区亩均产值达到22000元以上，且增幅达到10%以上；园区内农民人均可支配收入持续稳定增长，高出当地平均水平35%以上
3	浙江省	2017年8月，浙江省出台了《浙江省现代农业园区创建导则（试行）》，启动一二三产业深度融合的省级现代农业园区创建。截至2020年，全省已在57个县（市、区）布局创建省级现代农业园区59个，累计下达省级以上扶持资金10亿元以上，累计吸引21.3亿元金融资本投入园区，助力园区创建

续表

序号	省区	主要扶持政策
4	海南省	2015年海南省颁布《海南省级现代农业示范基地评选办法（试行）》，明确每年由省农业厅、省海洋与渔业厅、省林业厅联合下发申报通知，开展省级现代农业产业园评选工作。符合全省现代农业发展方向，集中使用奖补资金，重点支持内容主要有以下几个方面：一是促进产业集聚和深度融合。推动农业与旅游、教育、文化、现代加工业、物流业、生态观光业、健康养生有机结合，延伸产业园（园区）产业链。二是强化集成技术推广应用。引进先进农业新技术、新品种，推动农业科技和推广应用，科技水平处于全省同行业领先地位。三是促进农业可持续发展。采取有效措施，建立节肥节水节药等机制，发展生态循环农业，促进农业可持续发展。四是注重质量安全和品牌创建。加强农产品质量安全监管，大力发展特色农业、绿色农业和品牌农业。五是鼓励开展金融资本创新。支持产业园开展“产业政策＋财政政策＋金融政策”三位一体创新模式
5	福建省	2017年启动实施现代农业产业园“3211”工程（即：30个茶业现代产业园、20个蔬果现代产业园、10个食用菌现代产业园、10个畜禽现代产业园）；通过3～5年集中打造，建成一批产业集聚配套、科技装备先进、产品质量安全、智慧农业领先、公共服务完善的省级现代农业产业园。“3211工程”项目列入福建农民创业园及示范基地专项资金扶持范围，重点扶持园区基础设施、公共服务平台、农业设施装备、良种繁育基地和农业产业重大项目建设；省级现代茶产业项目资金向茶业现代产业园倾斜；设施农业、现代果业、标准园建设资金向蔬果现代产业园倾斜；现代畜牧业、畜禽标准化建设资金向畜禽现代产业园倾斜；品牌农业、生态农业、智慧农业等各类专项资金优先用于“3211工程”建设；各市、县（区）也要整合各类支农资金，加大现代农业产业园建设的扶持力度

续表

序号	省区	主要扶持政策
6	云南省	从2017年开始，全省建成覆盖不同产业类型、不同地域特色、不同发展梯次的现代农业产业园。省级财政给予省级产业园一定的奖补，各类农业农村发展资金积极向产业园倾斜；各级财政支农资金优先向产业园集中安排，基本建设项目优先向产业园集中布局；积极探索财政农业发展资金用于贷款贴息，发挥财政资金杠杆作用
7	陕西省	从2017年开始，以现有省级现代农业园区为基础，按照“一年有起色、三年见成效、五年成体系”的总体要求，创建一批生产功能突出、产业特色鲜明、要素高度聚集、设施装备先进、生产方式绿色、经济效益显著、辐射带动有力的现代农业产业园。省级产业园经过一定时间建设发展，达到国家产业园创建标准的，将按相应程序择优推荐申报国家级产业园
8	吉林省	实施“百园”创建，建设100个规划布局合理、要素有效聚集、产业体系健全、运行机制灵活、设施装备先进、生产方式绿色、综合效益显著、辐射带动有力的现代农业产业园。统筹使用国家支持农业产业园建设相关资金和省级现代农业发展专项资金、畜牧业发展专项资金，采取先建后补、以奖代补、风险补偿、贷款贴息等方式，支持产业园基础设施建设、科技创新和农业生产重大技术措施在产业园推广示范
9	湖南省	明确在全省培育扶持1000个布局合理、特色鲜明、效益明显的现代农业产业园。截至2017年，已创建现代农业综合产业园100个，认定现代农业特色产业园331个。认定后的每个省级示范园省级财政奖励100万元

续表

序号	省区	主要扶持政策
10	湖北省	从2017年开始，在全省建设100个现代农业产业园，其中，粮油、蔬菜、水果和茶叶产业园各10个，中药材产业园5个，畜禽产业园15个，水产产业园10个，农产品加工（物流）园15个，循环产业园、休闲农业园和创业创新园各5个。对建设较好的现代农业产业园，由省农业厅、省发展改革委、省旅游委等部门通过国家现代农业生产发展资金、农村产业融合发展资金、省级现代农业发展专项资金等，给予一定的支持
11	安徽省	从2018年开始，按照“一年有起色、三年见成效、五年成体系”的总体安排，以省级现代农业示范区为基础，建设一批生产功能突出、产业特色鲜明、要素高度聚集、设施装备先进、生产方式绿色、经济效益显著、辐射带动有力、农民增收持续的省级现代农业产业园。省级财政资金通过以奖代补方式对批准创建的省级现代农业产业园给予支持，奖补资金实行“一次规划、分期安排”
12	山西省	创建并认定一批“生产＋加工＋科技＋流通”的现代农业产业园，申报创建国家级产业园10个左右，原则上每县创建1～2个产业园，形成国家级、省级、市县级产业园梯次发展格局。扶持政策：中央财政将通过以奖代补方式对批准创建的国家现代农业产业园给予适当资金支持。省级财政也将对批准创建的省级特优区和产业园加大项目资金支持力度
13	山东省	争取在有特色、有竞争优势的设施蔬菜、特色果品、海水农业、海洋养殖等方面布局新建1～2个国家农业高新技术产业开发区，新建10个左右国家级农业科技园区，新建20个左右省级农高区，规范提升省级农业科技园发展水平

续表

序号	省区	主要扶持政策
14	广东省	2018 年 3 月，广东正式启动现代农业产业园区建设，省级财政 3 年安排 75 亿元，到 2020 年在粤东西北地区创建 150 个现代农业产业园，基本实现一县一园，打造若干个千亿产值、具有国际竞争力的现代农业产业集群，为全省农业农村经济健康发展提供新动能
15	江西省	从 2017 年起，全省创建 200 ～ 300 个现代农业示范园
16	甘肃省	2018 年度确定 16 个省级现代农业示范区，开展重点建设与改革试点工作，共安排专项资金 2000 万元
17	黑龙江省	从 2018 年起，到 2022 年，全省建成并命名 100 个左右省级现代农业产业园，带动各地建成一批市、县级现代农业产业园
18	广西壮族自治区	依托目前已经建成的自治区级现代农业示范区，创建 5 个国家级现代农业园；力争每个涉农县（市、区）建成 1 个自治区级示范区、2 个县级示范区，平均每个乡镇建成 1 个乡级示范区
19	青海省	加快推进西宁现代都市休闲观光农业示范区、海东高原特色现代生态农业示范区、海北高原现代生态畜牧业示范区、海南生态畜牧业国家可持续发展实验区、黄南有机畜牧业示范区、海西生态经济林和节水农业科技示范区建设，扎实推进三江源生态畜牧业试验区建设。西宁、海东、海北、黄南、海南和海西六大区域特色更加鲜明、园区功能更加完善的现代农业示范区基本建成。玉树和果洛率先成为生态修复与生物多样性恢复示范区，全国重要生态功能区的战略地位更加牢固。以县为单位创建的国家级现代农业示范区达到 10 个，湟水流域及黄河谷地的各县都成为省级现代农业示范区

2. 引进各类人才

现代农业产业园的建设和运营，需要大量的技术、管理、金融、财务、营销等方面的人才。因此，政府相关部门应制定科学的激励政策，重点是财政、金融、税收等政策，引进优秀的人才，提升园区竞争力，确保园区朝着既定目标发展。

3. 完善园区基础设施建设

基础设施建设对现代农业产业园来说意义重大。基础设施建设必须从现代农业产业园的建设初期抓起。实践中，要依据园区农业产业布局，建设集中连片、绿色循环、优质高效的原料生产基地，推动土地集中整理，完善基础设施条件，实现田网、水网、电网、路网互联互通。

现代农业产业园基础设施建设主要包括道路、水利、环境治理等。基础设施建设必须从现代农业产业园区的初期就开始规划，它是园区发展的物质根基，是未来园区运营（生产、加工、营销等）的保障。现代农业产业园要充分重视基础设施的作用，务必加强对基础设施建设的监督与管理，为园区今后的发展夯实根基。例如，我国首批认定的 20 个国家现代农业产业园之一四川省眉山市东坡区现代农业产业园，其主要做法是建设大基地，培育大品牌，强化科技支撑推进利益共享。园区内农田基础设施按照“田成方、土成型、渠成网、路相通、沟相连、旱能灌、涝能排、土壤肥、无污染、旱涝保收”标准规划建设。

下面介绍某现代农业产业园区基础设施建设情况（案例 4–3）。

【案例 4–3】

某现代农业产业园（以下简称本项目）所在地建设前基础设施条件落后，灌溉面积只有一半左右，其中井灌面积占 50%，渠灌、塘堰各占 25%，渠灌、塘堰又受到上游来水时间限制，难以保障及时用水，农田对降雨的依赖性高，靠天吃饭的局面仍未改变。道路等级明显偏低，行政村与自然村之间的道路毁坏较多，阴雨天气泥泞难行。此外，电力、燃气、通信、排水、消防、环卫等生产生活基础设施处于较低水平或空白。以上种种不足阻碍了当地农业的发展，也影响了农民的生活。

基础设施是现代农业建设的首要任务。在对项目区农业基础设施现状分析评估的基础上，当地政府制定了一系列规划，分别为土地利用整体规划，土地整理规划，道路体系规划，水利体系规划，供电体系规划，林地、林网与绿化规划和通信体系规划等。

本项目基础设施规划以资源为基础，以市场为导向，以适度规模发展为重点，坚持多规合一，确定省资源、强功能、促产业、保生态、美环境的综合规划思路：一是道路交通方面，改善园区对外交通条件，改建新建园区原有部分道路为环路，形成园区的干路体系。布局园区新村、养殖小区和双创园的内部道路，提高生产生活道路的整体水平。逐步推行规模经营，减少田间道路所占比重。二是供水排水方面，完善人畜饮用水源治理，优化完善供水系统，保障人畜饮水安全。完善园区渠系管路，将园区灌溉覆盖率提升到 100%。清淤挖塘修堰，增加园区水资源容量。采用节水灌溉技术，提高水资源利用效率。减少降水外泄，采取生物吸附等手段处理过境生活污水。大力宣传节水理念，组建专业灌溉公司，推动水资源科学管理。三是供电燃气，增加园区供电能力。相应增加输电线路长度，满足园区生活生产用电需要。四是绿化美化，规划将维护利用好道路绿地，将知青林场改建为森林公园，保留并利用现状植被，增加乡土植物面积，形成配置较为合理的绿化体系。五是通信体系，电信工程采用地下管道敷设通信电缆，一般布置在人行道下。通信电缆均采用单模或多模光缆，其他电信线路根据设备要求配用控制电缆或屏蔽电缆。市话业务配置满足普及率100% 要求。六是垃圾污水，规划园区生活垃圾采取分类收集系统收集转运，生产垃圾作为有机肥生产原料处理。园区生活污水采用一体式装置处理。生产污水结合沼气和有机肥生产综合利用。

本项目采用边建设边运营方式，集中建设期 2 年。2017—2019 年，开展产业园建设，重点建设产业园农田基础设施，园区内水电路网等基础设施，建设 × 亩绿色果蔬生产基地，建成 × 亩配套产业设施，包括综合办公区、产品研发中心、果蔬生产加工中心等项目配套产业。2019—2020 年，建设 × 亩左右的农业科技文化公园及旅游公共设施，× 亩的牛羊养殖园区，× 亩农业公共服务设施，包括农产品批发市场、电子商务区等。果蔬种植规模由 × 亩扩大为 × 亩。

下面介绍阜康农产品（食品）加工园区相关情况（案例 4–4）。

【案例 4–4】

鼎正工程咨询股份有限公司作为阜康产业园产城融合示范项目咨询机构参与了本项目的 PPP 项目“两评一案”的编制。阜康产业园产城融合示范项目总投资为 172240 万元。主要包括阜康市农产品（食品）加工园区基础设施建设项目，投资为 21446 万元、阜康市苏通小微创业园孵化中心、研发中心、服务中心、交易结算中心及配套基础设施项目，投资为95505万元、阜康产业园道路及附属设施建设项目，投资为30000万元、新疆工业文化主题公园项目，投资为12556万元、阜康产业园阜东二区及甘河子镇集中供热工程建设项目，投资为8773万元；阜康市产业园2017年生态绿化工程建设项目，投资为3960万元。

阜康农产品（食品）加工园区用地位于阜康市主城区东北部，上户沟乡北侧，S303、阜滋公路与石油伴行路之间。项目用地距阜康市中心约18千米，距离S303、阜滋公路约5千米，北至石油伴行路约7千米。规划面积408.2公顷，其中预留用地117.8387公顷。2020年总规划用地198.5109公顷，2030年总规划用地290.3613公顷。产业布局主要包括瓜菜加工区、粮油加工区、禽畜产品加工区、特色林果加工区、休闲熟食集中加工区、生物医药产业区、冷藏保鲜区、包装区、种业发展区和产业发展预留区（图4-1）。

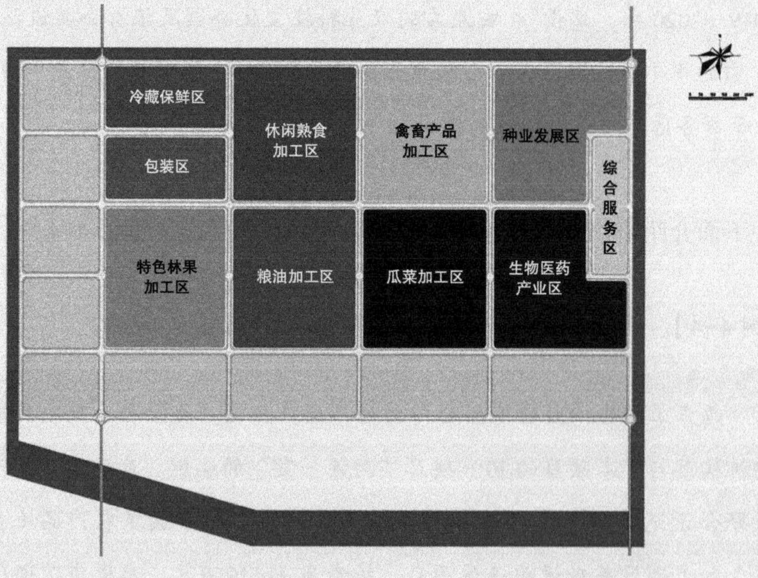

图4-1　阜康农产品（食品）加工园区产业布局示意图

4.3 金融支持现代农业产业园建设

现代农业产业园投资规模大、回收周期长，需要真金白银支持。

截至2019年底，中央财政已投入50多亿元奖补资金支持现代农业产业园建设，农业农村部、财政部已批准创建107个、认定20个国家级现代农业产业园，各地共创建1000多个省级现代农业产业园和一大批市县级现代农业产业园。例如，广东省把推进现代农业产业园建设作为乡村产业振兴的重要抓手，自2018年起，分三年安排75亿元扶持150个省级现代农业产业园，制定“1+N”规范性政策文件及配套扶持举措，统筹推进现代农业产业园各项工作取得良好成效。全省已创建国家级现代农业产业园4个、省级现代农业产业园100个，农业县“一县一园”总体布局实现全覆盖。其中，2018年50个省级现代农业产业园累计带动农户122.7万人增收，农户年均收入水平比当地县域人均收入水平高出24.6%，为广东实施乡村振兴战略提供了有力支撑。又如，湖南省要求现代农业产业园带动所在地村级集体经济和农民共同发展，对达到省级现代农业特色产业标准的园区，授予省级示范园称号，省财政奖补100万元。这100万元的50%视作所在地村级集体经济的股本金投入产业园建设，由园区分12年每年返还约4万元给村集体。

最后再介绍前文提到的湖北省潜江市国家现代农业产业园的情况。该园区在建设过程中成立了湖北潜江龙虾投资有限公司，对接扶贫产业和扶贫项目，精准服务，精准施策，“输血与造血相结合”，积极探索“金融+”扶贫新模式，有效保障了脱贫攻坚的“弹药充足”。其中，潜江市陈泊湖家庭农场位于运粮湖管理区南湖办事处，流转土地5000亩，主要发展虾稻产业，吸纳了 100 多户贫困户加入其中。随着规模的扩大，农场对资金的需求也越大，但由于没有足够多的抵押物，贷款十分困难。经过多方协调，农场通过潜江龙虾投资有限公司贷款了 80 万元，有效缓解了经营中的过桥资金问题，“小金融”撬动了“大产业”。截至 2018 年 11 月，湖北潜江龙虾投资有限公司已受理 42 户新型农业经营主体的融资申请，已为 20 户发放贷款，累计 2200 万元，有效缓解了农业规模化经营中贷款慢、贷款难的问题。

4.4 现代农业产业园建设、运营与商业模式

现代农业产业园以技术密集为主要特点，以科研、生产、加工、示范、辐射和推广为主要内容，以促进区域农业结构调整和产业升级为目标，围绕农业科技在不同生产主体发挥作用的各种形式，紧抓主导产业和优势区域，并将促进农民增收的各种类型都纳入园区建设范围。

现代农业产业园突出体现农业科技的作用，形成新品种新技术引进、标准化生产、农产品加工、营销、物流等各种形式的示范园网络。

1. 现代农业产业园建设模式

调研发现，现代农业产业园主要有三种建设模式：第一种是特色聚合型，围绕区域特色产业，打造区域乃至全国知名的农业品牌，获得较高的经济效益；第二种是加工带动型，依托龙头企业调整产业结构、延伸产业链条，提高农业的整体效益；第三种是科技引领型，运用高新技术，改造传统技术，提升农产品的竞争力。

2. 现代农业产业园运营模式

现代农业产业园以“利益共享、风险共担”为原则，以产品、技术和服务为纽带，利用自身优势，有选择地介入农业生产、加工、流通和销售环节，有效促进农产品增值，积极推进农业产业化经营，促进农民增收。

梳理发现，现代农业产业园运营模式主要有以下几种：

（1）理念主导型。

理念主导型现代农业产业园即结合产业园本地的资源禀赋、特色产业、地理条件、文化风俗和时尚元素（如乐活生活、旅居时代、生态社区等），通过各种创意理念，赋予乡村时代特色鲜明的发展主题。

理念主导型现代农业产业园通常要求项目所在区农业资源丰富，主导产业突出，农业品牌知名，且具有深厚的理念文化基础。此外，产业园多位于大都市郊区，消费群体多、消费水平高、消费市场空间大，产业园建设和运营的风险比较小。理念主导型现代农业产业园除了农业生产外，往往兼有休闲、创意和文旅的功能，部分位于一线和二线城市郊区的产业园第二、第三产业的收入无论是增长速度还是规模都要高于第一产业。

（2）产品导向型。

产品导向型现代农业产业园即通过对产业园特色农产品营销进行创意设计，保留农产品自然、生态、绿色的优良品质的同时，融入文化时尚元素，对接时下流行的消费潮流，将原有的农副产品进行品质与品牌的双重提升，从而提高农产品的经济价值和品牌价值。

（3）文化创意型。

文化创意型现代农业产业园即依托当地生态和休闲旅游资源，以传统农业文明和民俗文化为基础，提炼核心元素，针对市场需求，开发以民俗文化休闲为发展形式的创意农业发展模式。

（4）市场拓展型。

市场拓展型模式以农产品市场为导向，把握市场动向，大力发展受市场热捧的农产品或相关乡村休闲活动。市场拓展型模式市场指向性明确，农产品质量高，品牌好，营销有创意，摒弃了资源消耗型“红海战略”，实施企业、农民与消费者共赢的“蓝海战略”。

（5）产业融合型。

产业融合型模式充分利用乡村既有的农业产业基础，提升原有农业产业的层次，延长原有农业产业链条，实现三次产业的融合。产业融合型模式突出第二产业中的加工和第三产业中的休闲农业，进而形成集农业种植、加工销售和休闲旅游等功能于一体的发展模式。

3. 现代农业产业园农旅双链的商业模式

现代农业产业园的商业模式可以围绕“农旅双链”来设计，以旅游开发吸引人气为起点，借助每年大量的游客量形成的无形品牌宣传效应，倾力打造成功的特色产业品牌，使得旅游地变成果蔬产地，农民跳出农家乐的局限，走入现代化的车间、工厂，成为特色农产品加工业的生力军。

“农旅双链”模式的优点是农业和旅游两条产业链能够同时运转，同时发挥作用，同时产生经济效益。但是在运转的过程中，农业和旅游并不是独立的、平行的、互不相干的，而是相互交叉、相互配合、相互促进，且各有侧重点。具体来说，“农旅双链”发挥作用主要分两阶段：第一是旅游加快发展阶段。在该阶段借助旅游优势，形成人群集聚效应，加大旅游商品品牌的宣传力度，使现代农业产业园形成特色农产品的销售地，实现就地销售，既解决了产业园优质特色农产品销售的问题，又节省了大量的成本，如人工采摘成本、物流成本以及农产品运输过程中的损失等；第二是农业产业运营阶段。在旅游业的支持下农产品正式推向市场，农业生产、农产品加工业不断发展，这样又反过来推动旅游业的发展，最终实现旅游、现代农业两种产业互相促进和共同发展的联动效应。

（1）理念和品牌。

理念其实就是一种观念和一种生活方式，尤其对城市居民来说，地方独具特色的优质农产品、饮食、文化、旅游，能够带来完全不一样的精神享受和物质享受。

（2）生态和生活。

农村，尤其是偏远地区的农村，往往生态环境优良，坐拥绿水青山，这种优美环境为城市忙碌的人们提供了一种养生与放松的条件，新鲜空气、慢节奏、自然有品质的生活方式满足了广大游客的需要。

（3）农业产业。

对现代农业产业园而言，现代农业是其核心产业。而不同的现代农业产业园，其主导产业是不同的，重点是要基于地方资源、围绕优势特色产业来打造。

第 5 章

数字化助力现代农业产业园

5.1 农业大数据前景广阔

精准化、网络化、智能化是未来农业发展的方向。分析指出，大数据是解开我国农业发展困境的一把钥匙，生产、加工、销售、市场预测、农民征信、农业金融等各环节的建设都需要建立在数据分析的基础上。

1. 发展农业大数据的重要意义

2015 年 12 月，农业部发布的《关于推进农业农村大数据发展的实施意见》（农市发〔2015〕6 号，以下简称《实施意见》）指出，要深刻认识农业农村大数据发展和应用的重要意义。一是农业农村大数据已成为现代农业新型资源要素。当前，大数据正快速发展为发现新知识、创造新价值、提升新能力的新一代信息技术和服务业态，已成为国家基础性战略资源，正成为推动我国经济转型发展的新动力、重塑国家竞争优势的新机遇和提升政府治理能力的新途径。二是发展农业农村大数据是破解农业发展难题的迫切需要。我国已进入传统农业向现代农业加快转变的关键阶段。突破资源和环境两道“紧箍咒”制约，需要运用大数据提高农业生产精准化、智能化水平，推进农业资源利用方式转变。

目前，我国农业产业正处在从小农经济[1]为主向规模化、机械化、集约化过渡的阶段，这为农业大数据应用提供了巨大的空间。需要指出的是，我国正大力推进数字技术在农业生产经营、农村社会管理和农民生活等各领域的应用。可以说，我国农业大数据应用的前景十分可观。

2. 农业大数据的特点

（1）涵盖农业生产过程的全要素。

农业大数据涉及面广，涵盖农业生产过程的全要素，主要包括宏观要素、社会要素、经济要素、政策要素、成本要素、价格要素、供求关系等。具体来说，主要包括投入要素（种子、化肥、农药、农机等）、环境要素（气候因素、气象因素、地理环境、土壤因素等）、操作要素（农事操作，农机与农具的搭配等）和管理要素（规模、效率、投入、产出等）。

（2）涉及农业产业链的全过程。

农业大数据涉及农业产业链的全过程，重点是生产、加工、销售，主要包括三个方面，一是金融大数据（融资、数量、期限、利率、还款

---

[1] 小农经济也称个体农民经济，指以家庭为单位、生产资料个体所有制为基础，完全或主要依靠自己劳动，满足自身消费为主的小规模农业经济。其中，有的以自有土地经营，有的以租入土地经营。小农经济的主要特点：一是在小块土地上使用落后的手工工具进行分散经营；二是生产力水平低，抵抗自然灾害的能力弱；三是经济地位不稳定，在私有制占主导地位的社会容易形成贫富两极分化。

方式、保险、期货、收入、效益等)，二是产业大数据(作物、品种、投入、生产、产出、销售、加工、损耗、成本、效益、投入产出比、资金周转率、仓储、物流、库存、损耗、开工率等)，三是消费大数据（消费群体、水平、地域、渠道、年龄、偏好、品类、数量、频次、时段、价格敏感度、支付方式、重复购买率、品牌忠诚度等)。

3. 农业大数据技术的特点

农业大数据技术包括获取技术和处理数据技术。

(1) 农业大数据的获取技术。

农业大数据获取的技术包括：遥感技术（卫星遥感、无人机遥感、有人机遥感、定点摄像头等)、气象技术（气象卫星、气象雷达、气象基站、无人自动气象站等)、探测技术（照相机、摄像头、探测设备、传输设备)、定位技术（GPS、北斗、伽利略、格洛纳斯、RTK 等）以及各种有线和无线传输技术。

相比工业大数据技术，农业大数据获取技术对于技术的多样性和复杂程度要求更高，根本原因在于工业大数据技术面对的是非生命物质，农业大数据面对的是开放环境生长的动植物生命，农业大数据技术更为复杂。

(2) 农业大数据的处理技术。

农业大数据的处理技术包括数据库参数、算法、模型小程序、App、软件功能、模块、系统、平台、SAAS 云计算、区块链等。

4. 国家政策支持农业大数据的应用

目前，农业大数据的应用获得了越来越多的政策支持。

《实施意见》提出，我国推进农业农村大数据的主要目标，即立足我国国情和现实需要，逐步实现农业数据的有序共享开放，初步完成农业数据化改造。到 2025 年，实现农业产业链、价值链、供应链的联通，大幅提升农业生产智能化、经营网络化、管理高效化、服务便捷化的能力和水平，全面建成全球农业数据调查分析系统。

此外，《实施意见》还指出，把握农业农村大数据发展和应用的重点领域，主要是支撑农业生产智能化，运用地面观测、传感器、遥感和地理信息技术等，加强农业生产环境、生产设施和动植物本体感知数据的采集、汇聚和关联分析，完善农业生产进度智能监测体系；实施农业资源环境精准监测，建立与气象、水利、国土、环保等部门数据共享机制，构建农业资源环境本底数据库；开展农业自然灾害预测预报，完善干旱、洪涝、冷害、台风等农业重大自然灾害和草原火灾监测技术手段，加快数据实时采集获取能力建设，提高应急响应水平；强化动物疫病和植物病虫害监测预警，建立健全国家动物疫病和植物病虫害信息数据库体系、全国重大动物疫病和植物病虫害防控指挥调度系统，提升监测预警、预防控制、应急处置和决策指挥的信息化水平；实现农产品质量安全全程追溯，加快建设国家农产品质量安全追溯管理信息平台，建立健全制度规范和技术标准，加强与相关部门的数据对接，实现生产、收购、贮藏、运输等环节的追溯管理，建立质量追溯、执法监管、检验检测等数据共享机制，推进数据实现自动化采集、网络化传输、标准化处理和可视化运用，实现追溯信息可查询、来源可追溯、去向可跟踪、责任可追究；实现农作物种业全产业链信息查询可追溯，建立农作物种业大数据信息系统，整合部、省、市、县种业科研、品种管理、种子生产经营、市场供需各环节信息数据，实现新品种保护、品种审定、品种登记、引种备案、种子生产经营许可备案网上申请，种子供求、市场价格、市场监管等信息公开可查询，统一市场种子标签规范，实现从品种选育到种子零售的全程可追溯，为农民选购放心种和农业部门依法治种提供信息服务；强化农产品产销信息监测预警数据支持。在巩固原有数据采集基础上，开展电子商务、期货交易、电子拍卖、批发市场电子结算等数据的监测分析，加强农产品加工数据采集体系建设，加大消费端数据采集力度，建立覆盖全产业链的数据监测体系，促进农产品产销精准对接，等等。

我国农业农村数据历史长、数量大、类型多，但长期存在底数不清、核心数据缺失、数据质量不高、共享开放不足、开发利用不够等问题，无法满足农业农村发展需要。随着我国大力推进大农业大数据建设和移动互联网、云计算、大数据、物联网等新一代信息技术的快速发展，农业大数据行业迎来发展良机。

5.2 物联网技术助力现代农业发展

当前，我国农业正处在从传统农业向现代农业迅速推进的过程中。而现代农业从生产、经营、管理到服务的各个环节都需要信息技术的支撑，农业信息化是现代农业的重要标志。作为农业信息化的重要组成部分，物联网技术对现代农业起着重要的助推作用。

1. 物联网的发展和应用

顾名思义，物联网就是物与物相连的互联网。物联网的核心和基础是应用传感和互联网，是在互联网基础上的延伸和扩展的网络。物联网用户端延伸和扩展到了任何物品与物品之间，进行信息交换和通信，也就是物物相息。物联网通过智能感知、识别技术与普适计算等通信感知技术，广泛应用于网络的融合中。

“物联网”一词最早于1999年被提出[1]，至今已有20多年的时间，指通过信息传感技术把各种物品通过射频识别和条码等信息互联网连接，实现智能化识别和管理控制，以达到对物品进行有效控制的目的。随后，各发达国家纷纷开展物联网发展行动计划，物联网成为继计算机和互联网后的又一次信息化浪潮。

2. 农业物联网的概念和体系架构

农业物联网是指通过运用各类感知设备（如二维码识读设备、射频识别装置、红外感应器、全球定位系统和激光扫描器等），在大田精细种植、设施大棚、畜禽水产养殖和农产品质量安全监管等农业生产全过程，采集动植物生命体、环境要素、生产工具等各类相关信息以及其他虚拟物件，通过传感器网络、移动通信网和互联网传输通信，按照约定的协议和标准，将获取的信息进行交换、融合和处理，最后通过智能化操作终端，实现农业生产、经营、管理和服务的实时感知控制，确保精细化管理和智能科学决策，进而推进现代农业发展。

根据农业物联网的概念，其体系架构可分为三个层次：第一层是信息感知层，通过各种传感器、遥感技术、摄像头、条形码、GPS技术等，

[1] 物联网这个看似舶来词的概念实质上是在中国被提出来的。1999年，一个叫传感网的概念由中国科学院提出，这便是物联网的雏形。

对农业物理世界进行感知及信息采集，如作物生长环境、苗情长势、空间定位等信息；第二层是信息传输层，是指通过有线或无线网络将采集到的信息以一定的通信协议，向局域网、广域网等技术发布进行汇总，将远距离、大范围的农业物理通过信息传输与互联功能，整合到一起；第三层是信息应用层，就是对数据处理和应用，形成数字化信息，最终实现环境可监测、生产可控制、质量可追溯。

3. 农业物联网作用明显

农业物联网是物联网技术在农业生产、经营、管理和服务中的具体应用，广泛用于种植业、林业、畜牧业、渔业等各个涉农领域。具体来说，农业物联网是指针对种植业、林业、畜牧业、渔业等对物联网技术的需求，研发多功能融合的新型集成化感知层产品、智能数据采集装置和控制装置，通过智能化操作终端实现农业生产产前、产中、产后的全过程监控、科学管理和即时服务，进而实现种植集约、高产、高效、优质、绿色、安全和可追溯的目标，促进现代农业发展。

农业物联网在农业中的应用主要有：一是生产管理，通过光照、温度、湿度等无线传感器实时采集生产现场的数据参数和图像信息，远程控制、浇灌、开关卷帘/风机等设施；二是现场管理，利用有线或无线技术实时监控现场、厂区周围安装报警装置等；三是销售管理，利用电子商务平台消除传统商务活动中信息传递与交流的时空障碍；四是溯源管理，利用 RFID、二维码、读写器等实现监控产地环境，产后、贮藏加工、物流运输、供应链追溯等；五是工作管理，利用移动互联技术，使日常工作信息化、随身化、高效化。

进一步而言，利用物联网传感及成像技术采集图像、土壤、气象、病虫害等农业种植信息，将这些信息传输汇集到云端，建立作物、土壤监测和局部精准气象数据库，并具象化地呈现到农户的手机 App，农户足不出户就能看到农作物生长状况。实时监测系统所检测到的所有数据都开放给农业科技专家及政府相关部门，专家可以依据数据给出科学有效的种植、看护建议，农民也可以获得农技专家一对一的针对性指导。

农业物联网技术的使用能够大力提升农业智能化水平，加快农业现代化的进程，促进国民经济增长。加快发展农业物联网是促进农民增收的重要途径，对于农业发展、农民富裕、农村繁荣具有十分重要的意义。

例如，国内某农业物联网系统通过采用精细化管理方式和现代信息化技术，智能自动化完成区域内农作物环境信息采集、病虫害监测，及时高效掌握田间生物资源，开启智能环境、灌溉控制、安全生产监控、病虫无害化防控等功能，使农业器械智能化概念在实际应用中进一步落实。同时该系统实现了国家、省、市、县、乡各级信息采集站无线传输，远程控制，信息数据共享；可以远程通过专家或视频会议，对作物的病虫害、长势等进行科学诊断与决策，协助用户采取科学方法，及时制定防治病虫害精准措施，全面实现了农业信息智能化管理、大数据农业、食品安全溯源、标准化、网络化、可视化、数字化、模型化、智能化的物联网体系建设。

4. 我国农业物联网仍处于初级发展阶段

农业物联网具有渗透性强、带动面广、节本增效等特点，是实现农业生产从粗放式经营向集约化、自动化、智能化和信息化发展的主要途径。

我国关于农业物联网的研究与示范应用几乎与发达国家同步进行。

自2009年起，农业物联网作为新一代信息战略新兴产业被列入国家重大专项发展规划，被正式列为国家重大新兴战略性产业之一，并写入政府工作报告。国家发展改革委、原农业部设立专项资金，加大财政扶持力度，通过充足的资金供给和可靠的增值手段，为我国农业物联网的长足发展提供可靠保证。经过多年的研究和实践，我国农业物联网取得丰硕成果。

但是，由于我国农业长期属于弱势产业，农业生产条件错综复杂，基础配套设施不完善，从根本上制约了我国农业物联网的快速发展。目前，我国农业物联网仍处于初级发展阶段。

5. 我国农业物联网未来发展对策

农业物联网是一个庞大的系统工程，重点需要在核心技术研发、政策支持、商业模式、推进思路等方面寻求突破，分层实施，逐步推广，全面推进。

（1）加强核心关键技术产品研发。

我国农业物联网要坚持自主研发与引进吸收并举，在提升自主创新能力的同时，积极吸收国际先进经验和科研成果。实际工作中，对于难度大的农业物联网技术要加快引进吸收，尽快缩小和发达国家的差距；对于短平快的农业物联网技术要自主研发，为未来打下坚实的技术基础。重点是加快传感器软硬件技术创新和算法优化，加强传感识别、数据汇集、智能分析技术研究，集中研究生产出一批成本低廉、适应性强、可采性高的能自动识别农业物理信息和动物行为信息的智能传感器。

（2）建立技术规范。

要加快制定相关标准以及指导规范，组织专家学者对网络技术规范、有线/无线统一服务网络接入规范、数据通信协议标准、传感器节点的地址标识接口标准、数据融合分析处理规范等进行研究。

（3）健全测评体系。

要建立技术检测中心，对进入市场的农业物联网产品的技术性、稳定性、准确性、可靠性、环境适应性和电磁兼容性等指标进行权威检测，确保进入市场的产品质量安全可靠，避免由于大量使用电子设备导致功率过大，不但无法确保粮食安全，还对农业环境和人体健康产生严重影响。

（4）优化创新制度体系，加大财政扶持力度。

农业物联网建设的特点是前期资金一次性投入大、回收期长、类型多样，涉农企业和农户投资力量薄弱，大多持观望态度，从而制约了我国农业物联网发展的进程。政府部门应优化创新制度体系，加大财政扶持力度，加快我国农业物联网的发展。

5.3 农业物联网生产管理系统

新思界产业研究中心发布的《2018—2022年中国农业物联网行业发展前景及投资风险规避建议报告》显示，目前我国农业正处于传统农业向现代农业转型期，农业物联网为现代农业的发展提供了前所未有的机遇，将发挥独特而重要的作用。总的来看，在国家政策和下游需求的带动下，我国农业物联网将会迎来良好的投资机遇。

随着国家改革红利的不断释放，农业物联网行业发展前景广阔。目前，农业物联网生产管理系统在国内应用比较成熟。

1. 温棚物联网

温棚物联网通过搭建智慧温室系统平台，可以做到以下几点：一是实时远程获取温室大棚内部的环境参数和视频图像；二是远程或自动控制湿帘风机、喷淋滴灌、内外遮阳、顶窗侧窗、加温补光、二氧化碳气肥机等设备；三是保证温室大棚内环境，为作物高产、优质、高效、生态、安全创造条件；四是根据作物长势或病虫草害情况，由农业专家给予远程农技指导。

技术应用方面，在温室大棚安装农业物联网数据采集系统、生产智能控制系统等，可实现对温室种植的精准化管理。温室大棚智能控制单元由测控模块、电磁阀、配电控制柜及安装附件组成，通过通信模块与管理监控中心连接。根据温室大棚内空气温湿度、土壤温度水分、光照强度及二氧化碳浓度等参数，对环境调节设备进行控制，包括内遮阳、外遮阳、风机、湿帘水泵、顶部通风、灌溉电磁阀、二氧化碳气肥机等设备。

需要说明的是，物联网数据采集终端是将土壤温湿度传感器、空气温湿度传感器、光照（太阳辐射）传感器、二氧化碳传感器、氨气传感器、硫化氢传感器、粉尘传感器（PM2.5）、溶解氧传感器等节点集合在一起的一种采集设备，通过这些传感器可实时监测空气温湿度、土壤含水量、土壤温度、光照强度、二氧化碳浓度等信息，从而帮助生产管理人员及时发现问题，并且准确确定发生问题的位置。通过大量使用各种自动化、智能化、远程控制的生产设备，将农业逐渐从以人力为中心、依赖于孤立机械的生产模式转向以信息和软件为中心的生产模式。此外，物联网数据采集终端在传统的采集数据的基础之上，还增加了农业信息推送的服务，智慧温室系统可以根据设备所在地种植的农作物，给用户推送相应的信息，例如根据作物生产周期推送施肥、用水信息，病虫害防治信息等。

2. 大田物联网

大田灌溉是物联网技术应用的重要表现，指利用土壤墒情采集装置，结合气象监测系统数据进行智能分析，并通过远程自动灌溉系统，给农田灌溉，保证农作物生长所需水分。

通过对整个种植流程的精细测算，农业物联网技术在大田种植上的应用可以有效节约化肥、水、农药等投入，把各种原料的使用量控制在非常精准的程度，让农业经营像工业流程一样连续进行，从而促进农业向集约化、规模化、产业化方向发展。例如，通过物联网技术对大数据的收集分析，掌握一棵白菜从发芽到成熟所需水和肥料的精确数值，以及浇水施肥的准确时间，这样不仅可以提高产量和质量，而且可以将资源消耗降到最低。以一个深埋地下的简单喷嘴为例，它由电脑控制，依据传感器传回的土壤数据，决定何时浇水、浇多少水。通过物联网技术，不仅大大节约了宝贵的水资源，而且为农业经营主体节约了人力成本（铺完管线以后，大量农田的灌溉只需少数几个农民通过智能设备就可控制）。

在农业用水方面，数据显示，目前我国农村用水占社会经济用水总量的62.1%，灌溉水有效利用系数[1]约为0.53，相较于以往有了明显的

---

[1] 灌溉水有效利用系数指灌溉期内，灌溉面积上的实际有效利用水量（不包括深层渗漏与田间流失）与渠道头进水总量之比。

进步，但与发达国家的 0.7 ～ 0.8 相比尚有较大的差距。俄罗斯、德国、英国和以色列等国家的灌溉面积节水灌溉率均达到 95% 以上，而我国仅为 39.5%，因此节水农业在我国具有较大的发展潜力。

在大田中，即使是相距两三米的两块土地，土壤的水分含量、营养情况、农作物的生长情况都可能不相同。在为大田进行农事操作时，农业机械会按照设定的路线工作[1]，实现施肥、打药全部自动化，并通过 GPS 的记录与显示，将施肥区域与未施肥区域一一标注出来。在农业物联网与精准农业紧密结合的情况下，农业机械与土壤肥力传感器和处理控制软件密切配合，能够做到在肥力高的地方密植，在肥力低的地方稀植，还可以更换作物种子品种。

3. 畜禽养殖物联网

在畜禽养殖生产过程中，建立集传感器、智能监测与控制、移动通信等于一体的设施化养殖系统，实现畜禽育种及养殖、肉蛋奶生产、饲料生产、养殖场管理、畜禽圈舍环境控制、疫情监测及防治等方面的自动化、智能化。

物联网在畜禽养殖中的应用环节主要有：

（1）养殖场环境信息采集。

采集的养殖场环境信息包括：温度、湿度、粉尘、有害气体等。

例如，近年来，宁夏高度重视各地农业物联网技术发展，大力支持农业物联网科技项目。由当地农业物联网工程技术研究中心研发的“农

[1] 农业物联网环境下的农业机械是智能化的，通常安装有卫星导航系统、自动驾驶系统、计算机设备以及必要的传感器，实现对田间作物信息、土壤信息、环境信息的不间断监测，农业机械可以识别分析软件给出的信息，并准确地执行。

业物联网技术研究与集成示范”技术，有力推进了物联网技术在全区优势特色农业中的应用。该技术实现了大田土壤肥力快速检测和作物苗情、墒情、病虫草情和灾情信息采集。

宁夏建立了农产品质量溯源系统，通过建立“1+4”优势特色产业质量安全溯源系统架构，制定基于物联网技术的特色农产品质量安全溯源技术标准，提高了农产品质量安全水平，增加了产品附加值。同时，成功实现了畜牧养殖智能管理。利用电子耳标、视频识别等技术实时跟踪检测畜禽的进食、活动、体重、生产等生理信息；利用智能传感器实时采集养殖场的温度、湿度、气压等环境信息；利用二维码和无线射频等物联网技术高效记录畜牧产品的溯源信息，实现了畜牧养殖从生产到销售的全过程智能化管理。

宁夏农业物联网技术部门还积极创新服务模式，推动农业物联网技术快速推广应用。以产业扶持政策为契机，积极与各级政府和产业部门洽谈沟通，开发“政府购买、企业租用”的物联网服务新模式，降低了企业使用成本，丰富了农业物联网技术的服务渠道。

（2）环境信息分析处理。

畜禽养殖互联网模式下，对采集到的信息进行综合分析处理，结合养殖的动物种类、生长阶段等信息，通过后台模型算法，给出养殖建议。

（3）生产指导信息发布。

通过手机向养殖户发布疫病信息、气象信息等，以指导养殖户科学养殖。

（4）远程控制。

通过 GPRS/Internet 方式，远程控制水帘、风机开闭，自动投喂等。

4. 农业物联网综合支撑服务平台

农业物联网综合支撑服务平台，是指在日常生产与科研管理规范的基础上，将网络、图像、传感、专家智能化等技术进行集成，建立一套基于 Web 的生产管理、视频监控、气象观测、专家指导的信息平台。平台按照农产品的生长周期和关键环节管理建立一套智能化生产管理系统，系统对采集的数据进行智能化分析，为生产管理人员提供辅助建议。

下面介绍托普云农物联网平台如何助力农业品牌山伢儿早园笋打造产供销一体化（见案例 5-1）。

【案例 5-1】

浙江省德清县山伢儿早园笋是由德清县林业局、农业局、供销社、农民合作经济组织联合会（农合联）等联合打造的一个县域优农品牌项目，目的是加强农业供给侧结构性改革，突破德清早园笋品牌的发展瓶颈，实现早园笋传统生产、管理、经营模式的转变，创新农产品发展模式，打造早园笋品牌名片，提升早园笋品牌价值，推动早园笋经济发展，从而带动德清农业经济的提升。

托普云农结合德清县智慧农业云平台阶段性需求，通过标准化生产、产业化经营、品牌化营销、云平台等方式打造了极具德清特色的产供销一体化模式，大大提升了早园笋产品质量，推动了早园笋产业融合，实现产业转型，为打造德清早园笋县域优农品牌，提供了重要的技术与营销支撑。

托普云农帮助山伢儿早园笋在示范区域部署建设一批农业生产环境监测设施，通过动态监测生产环境，辅助决策，对早园笋的生产进行科学的管理，利用物联网技术，实现早园笋种植基地的远程监测、土壤监测改良、生长环境异常预警等，保障早园笋种植生产安全，提升早园笋的产量与质量。

山伢儿早园笋是托普云农辅助德清农业供给侧结构性改革的经典案例，它以消费者为导向，运用了托普云农研发的农产品质量安全追溯系统，实现了全程数字化认证。通过健全采摘、分拣，初加工、监测、包装、物流等环节标准化系统化管理，实现信息透明化录入、管理、查询，建立早园笋包括在生产、运输、管理、销售等环节的完整信息链，实现了产品信息全程可追溯。

山伢儿早园笋项目有效地促进了德清县农业资源管理数字化、农业设备装备智能化、打造了一批德清县区域农产品品牌。通过托普云农在产端与销售端的渠道打通，早园笋产品实现与电商的“无缝衔接”。通过和京东商城合作开设山伢儿生鲜专营店，优化了早园笋销售经销模式，由“种得好”向“卖得好”转变。

5.4　我国农业信息化发展现状

信息技术是农业信息化的重要组成部分，具有重要的经济意义和实用价值。

农业信息化是指在农业领域全面地发展和应用现代信息技术，使之渗透到农业生产、研发、市场、消费等各个具体环节以及农村社会、经济、文化、旅游等各个领域的全过程。农业信息化衡量标准有其特殊性：一是农业信息化的基础设施建设，包括通信网络、计算机网络、宽带、电话用户等；二是农业信息技术装备，包括计算机的拥有量、网站数量及其他通信设备能否保证信息传播畅通；三是农业信息资源的开发利用，包括农业数据库的种类和数量、农业信息资源获取量、农业信息资源的再开发和利用；四是农业信息技术的普及和应用，包括各种农业信息技术的用户数；五是农业信息化对农业发展的贡献率，包括农业信息技术的采用在农业生产总值中所起的增值作用，也就是农业信息化在农业总产值中所占的比重。

1. 我国农业信息化发展背景

信息技术在我国农业领域的应用虽然起步较晚，但发展很快。资料显示，1979 年我国从国外引进遥感技术并应用于农业，首开信息化农业的先河。1981 年我国成立第一个计算机农业应用研究机构，即中国农业科学院计算中心，开始以科学计算、数学规划模型和统计方法应用为主的农业科研与应用研究。1987 年农业部成立信息中心，开始重视和推进计算机技术在农业领域的试点和应用。1994 年以来，随着中国农业信息网和中国农业科技信息网的相继开通运行，信息技术在农业领域的应用开始迈入快速发展阶段。

近年来，国家提出“全面实施信息进村入户工程”“百万农民上网工程”“加快数字农业农村建设”等，着力强化广大农村地区的通信基础建设，扩大网络覆盖，培育农村青壮年劳动力掌握电脑操作和电商平台使用能力，使信息成为农业领域的重要生产要素。

农业农村部发布的《2019 年农业农村市场与信息化工作要点》就

夯实农业农村市场化信息化品牌化工作基础，提升体系协同能力，提出了20条工作要点。其中重点提及推进“互联网+”农产品出村进城工程、全面实施信息进村入户工程、加快数字农业农村建设、强化网络安全能力建设等全面推进农业农村信息化的工作，鼓励涉农手机软件开发，让手机成为广大农民的“新农具”。

目前，我国在大规模种植养殖业、园艺、商超及物流等领域已开始使用物联网、人工智能和大数据技术，植保无人机、智能大棚设施、动物饲喂自动化设备、远程植保病理诊断系统等都已有较大范围应用。总的来说，我国农业信息化快速发展，基于农业信息化的现代农业装备为农业产业转型升级、降低劳动力成本、提高产品质量、提升产品附加值等发挥了巨大作用。

2. 我国农业信息化发展现状

《国家中长期科学和技术发展规划纲要（2006—2020年）》明确指出，必须把科技进步作为解决“三农”问题的一项根本措施，大力提高农业科技水平，加快农业信息技术集成应用，加大对农业技术推广的支持力度，建立面向农村推广先进适用技术的新机制。

2019年4月，农业农村部发布《2019全国县域数字农业农村发展水平评价报告》。报告显示，2018年全国县域数字农业农村发展总体水平达到33%。报告从发展环境、基础支撑、信息消费、生产信息化、经营信息化、乡村治理信息化、服务信息化等7个维度对全国2094个有效样本县（市、区）的县域数字农业农村发展水平进行了评价。全国已有77.7%的县（市、区）设立了农业农村信息化管理服务机构；2018年，县域财政总计投入数字农业农村建设资金129亿元；县域城乡居民人均电信消费突破 500 元；农业生产数字化改造快速起步，2018 年农业生产数字化水平达 18.6%；农村电子商务加快发展，行政村电子商务服务站点覆盖率达 64%，县域农产品网络零售额为 5542 亿元，占农产品交易总额的 9.8%；信息进村入户工程建设取得显著成效，建成益农信息社 26.83 万个，覆盖 49.7% 的行政村。

需要指出的是，要将互联网技术应用在农业生产、加工、销售环节上，要通过农业的信息化提高农业的生产、加工和销售水平，当前还面临很多的困难。

从国外经验来看，市场化程度的高低和信息服务的社会化程度高低呈正相关关系。农业信息服务的主体除政府外，还有各种科研推广机构、农业专业协会、中介组织等。相比较而言，我国农业信息化体系建设和国外先进水平还存在一定的差距。

3. 我国农业信息化不足之处

（1）农村信息服务体系不健全导致农民增收难。

我国是传统的农业国，一直以来，农民生产、销售的信息都比较闭塞，农产品的生产和销售基本上依靠经验积累，信息化程度不高。以种植业为例，我国农业存在一种怪现象，这也是一直困扰农民的“心结”：农产品因自然灾害等原因歉收，农民会亏损；可是有时候农产品丰收了，农民也会亏损，情况并不比歉收强。前者可以理解，后者又是为什么呢？究其原因，主要还是农产品丰收后，常常集中上市，再加上信息不畅，销路不广，农产品价格下跌厉害，从而导致农产品总量上丰收了但农民营收总体上仍然亏损。实践中表现在由于农民缺乏农产品生产销售信息，一旦某地某年种植某种农产品丰收赚钱了，第二年当地几乎全部的田地都会种植该种农产品。鉴于农业种植的特点（时令、气候等），农产品丰收后，集中上市，市场饱和，价格自然下跌严重，农民损失很大。受损后，新的种植季节农民就会放弃种植该种农产品，结果该种农产品供应量小，市场需求大，价格非常高，农民又开始后悔没有多种植。这种现象几乎年年都在农村出现。

可以说，由于没有建立完善的农村信息服务体系，农业生产和市场需求之间出现信息不对称和信息延迟现象，实践中就表现在农民生产的盲目性，其结果就是农民“增产不增收”“买难卖难”，不仅造成了农业自然资源（土壤、水等）的浪费，而且严重挫伤了农民生产的积极性。

（2）农业信息化主体文化程度与信息技能水平较低。

目前我国农业信息化主体文化程度与信息技能水平较低，究其原因，主要有以下几个方面：一是农村劳动力老龄化和知识老化较严重。作为农村人口主体的农民，整体年龄偏高、学历偏低，而文化素质较高的农村青壮年劳力大多流向城市。二是农民信息意识比较淡薄。大多数农民信息意识不强，主动学习相关信息知识理论和操作技术的能动性较差，利用信息的自觉性不高，导致农业信息的利用率低下。三是人才结构不合理。生产型人才偏多，科技型人才和经营性人才偏少。四是人才队伍不稳定。农村人口虽然多，但真正将主要精力放在农业生产、经营和管理上的人员比例不高。五是农村育才、引才、用才、留才的条件和环境不佳。政策方面，农村培养人才、吸引人才、留住人才的政策体系不健全，如部分地方对农民培训重视程度不够，而在具体的培训过程中，一般重理论、轻实践，缺乏现场培训、应急培训、专家一对一指导等方式，培训效果不佳，农民参加培训意愿不强。

根据第三次全国农业普查数据，截至2016年，全国农业生产经营人员31422万人，高中及以上受教育程度的仅占8.3%，小学及以下的占43.4%，实用型人才仅占农村劳动力的7%（见表5-1）。

表5-1　2016年农业生产经营人员数量和结构

	全国	东部地区	中部地区	西部地区	东北地区
农业生产经营人员总数（万人）	31422	8746	9809	10734	2133
农业生产经营人员性别构成（%）					
男性	52.5	52.4	52.6	52.1	54.3
女性	47.5	47.6	47.4	47.9	45.7
农业生产经营人员年龄构成（%）					
年龄35岁及以下	19.2	17.6	18.0	21.9	17.6
年龄36～54岁	47.3	44.5	47.7	48.6	49.8
年龄55岁及以上	33.6	37.9	34.4	29.5	32.6
农业生产经营人员受教育程度构成（%）					
未上过学	6.4	5.3	5.7	8.7	1.9
小学	37.0	32.5	32.7	44.7	36.1
初中	48.4	52.5	52.6	39.9	55.0
高中或中专	7.1	8.5	7.9	5.4	5.6
大专及以上	1.2	1.2	1.1	1.2	1.4

续表

	全国	东部地区	中部地区	西部地区	东北地区
农业生产经营人员主要从事农业行业构成（%）					
种植业	92.9	93.3	94.4	91.8	90.1
林业	2.2	2.0	1.8	2.8	2.0
畜牧业	3.5	2.4	2.6	4.6	6.4
渔业	0.8	1.6	0.6	0.3	0.5
农林牧渔服务业	0.6	0.7	0.6	0.5	1.0

数据来源：国家统计局。

农民文化程度整体不高、地方政府培训力度不够，直接制约了我国农业信息化的发展质量与进度，未来需要加强农民信息技能职业教育培训。

（2）农村信息化基础设施薄弱。

基础设施是信息化的重要保障。我国农村信息化基础设施薄弱，有些地理位置偏远的乡村还未实现互联网接入或4G信号覆盖，影响了农业的信息化建设。

（3）农业信息化数据采集及应用的规范标准不统一。

实践中，农业信息化数据的采集受地理、气候、交通、农业发展程度等诸多方面影响，不同数据中心存在数据采集模式不统一的情况，在数据交互与数据共享中存在很大的差异，直接影响着农业信息化的发展质量。建议指出，政府及相关行业协会应该建立相对统一的农业信息化数据规范，有效提升我国农业信息化的层次和水平。

（4）政府涉农信息传递的传统方式短期内难以改变。

现代社会信息传递速度很快，而政府与农民之间信息传播层级多、链条长、时效慢，影响了农业的生产经营。因此，要提升农业信息化质量，必须提高政府对“三农问题”的管理和公共服务能力，通过建设农业信息平台、使用现代信息媒介，快速实现信息交互，满足农业生产经营需要。总的来说，我国农业信息化水平仍处于初级阶段，农业信息化蕴含的价值和功能利用还有很大的挖掘空间。

4. 农业发达国家信息化成功经验

美国、日本等发达国家农业信息化程度很高，政府重视并强化对农业信息化的组织管理，增加对农业信息化建设的投入，建立健全的农业信息化法制法规并注重立法、监督，依法保证信息质量真实性、有效性及知识产权等，维护农业信息化主体的权益并积极促进信息的共享。

例如，美国作为世界上农产品出口总额最大的国家，从联邦政府到各州、各县政府都十分注重在组织上加强对农业信息工作的协调与管理。美国形成了以农业部及其所属的国家农业统计局、经济研究所、海外农业局，农业市场服务局、世界农业展望委员会以及首席信息办公室等机构为主的信息收集、分析、发布体系。美国农业部下设市场信息服务局的下属新闻服务署，主要负责农产品市场动态信息的收集与发布，上午采集信息，及时汇总、整理，当天中午就可分类发出。

在农业信息的投入方面，美国将大量的基础投入用于农业信息系统的硬件建设，每年有充足的农业信息经费支持，金额约占农业行政事业经费的 10%。在农业信息化法制建设方面，美国从 1848 年第一次颁布农业法开始，就对农业技术信息服务作出了规定。1946 年农业市场法案授权规定，凡享受政府补贴的农民和企业，都有义务向政府提供农产品产销信息。美国在农业信息管理上，从信息资源采集到发布都有法可依，而且相关法律不断完善，形成体系。

又如，日本详细制定了 21 世纪农村信息化战略计划，其基本思路是充实农村的信息通信基础设施，如铺设光缆等，以建设发达的通信网络。为了进一步提高农村的社会信息化程度，计划制定了详细的政策，提出了向农村提供国立农业科研机构的研究开发成果等有用的信息、促进电子商务的发展、向消费者提供充分的农产品商品信息、提高农村地区的通信便利程度、提高农业资源的管理水平等具体措施。

5.5 我国需大力发展农业信息化

1. 信息技术在农业领域的应用

信息技术在农业领域的应用大致有以下几个方面：农业生产经营管理、农业信息获取及处理、农业专家系统、农业系统模拟、农业决策支持系统、农业计算机网络等。农业中所应用的信息技术包括：计算机、信息存储和处理、通信、网格、多媒体、人工智能、3S 技术（即地理信息系统 GIS、全球定位系统 GPS，遥感技术 RS）等。

例如，以色列在养殖场中高效利用信息化技术，奶牛的健康状况、进食量、进食质量、产奶质量和产奶量等检查均通过无线通信系统操作。实际操作中，利用仪器终端对奶牛进行体温测量，再通过无线信号将所测的数据反映给计算机中心，由计算机进行自动分析和处理，然后根据分析结果来判定该奶牛当前的健康状况，如果需要治疗即刻作出治疗报告等。

2. 农业信息化的内涵

（1）农业生产过程的信息化。

农业生产过程的信息化包括农业基础设施装备信息化和农业技术操作全面自动化。

农业基础设施装备信息化指的是农业生产过程中基础设施和生产工具的信息化、智能化。例如，农田灌溉工程中水泵抽水和沟渠灌溉排水的时间、流量通过信息自动传输和计算机自动控制；农业技术操作全面自动化指的是农作物栽培管理的自动化（如农作物施肥，可以在田间设置自动养分测试仪或设置各种探针定时获取数据在室内自动测定，通过计算机分析数据，确定施肥时间、施肥量、施肥方法，使用田间遥控自动施肥机具或与灌溉水结合实现自动施肥）、农作物病虫防治信息化和自控（在田间设置监测信息系统，利用计算机模型分析，确定防治时间和方法，对病虫害进行有效的控制）、畜禽饲养管理的信息化和自动化（通过埋置于家畜体内的微型电脑及时收集家畜新陈代谢状况信息，通过计算机模拟运算，判断家畜对饲养条件的要求，及时自动输送饲喂配方饲料，实现科学饲养）。

（2）农产品流通过程的信息化。

农产品流通服务体系的建设是我国农产品在农业市场化的过程中走向市场的关键环节，农业信息化对农产品流通服务体系建设起着积极的促进作用。农产品流通服务体系建设中农业信息化的主要应用就是建设“协同服务目标体系”，其协同模式最典型的就是电子商务。农村电子商务是农业信息化在农产品流通服务体系建设中最为重要的体现。

3. 农业信息化的特征

（1）网络化。

农业信息化的典型特征之一就是网络化。

调研发现，发达国家农业信息化基础扎实、网络发达。例如，美国众多农业公司、专业协会、合作社和农场已经普遍使用计算机及网络技术。以伊利诺伊州为例，该州 67% 的农户使用计算机，其中 27% 农户运用网络技术。政府每年拨款 15 亿美元用于建设农业信息网络。美国已建成世界最大的农业计算机网络系统 AGNET，该系统覆盖了美国的 46 个州，加拿大的 6 个省和美加以外的 7 个国家，连通美国农业部、15 个州的农业署、36 所大学和大量的农业企业。用户通过家中的电话、电视机或计算机，便可共享网络中的信息资源。又如，日本早在 1994 年底就已开发农业网络 400 多个，计算机在农业生产部门的普及率达 93%，日本政府还在实施一项旨在实现 21 世纪所有农民都拥有计算机的“绿色天国”计划。

（2）综合化。

农业信息化是数据库技术、网络技术、计算机模型库和知识库系统、多媒体技术、实时处理与控制等信息技术的结合。此外，农业信息化还是信息技术和现代科技（尤其是农业科技）的结合，例如信息技术与生物技术、遥感技术的紧密结合，使农产品的生产过程和生产方式大大改进，农业现代化经营水平也不断提高。

（3）全程化。

农业信息化信息技术应用不再局限于某一独立的农业生产过程、单一的经营环节、某一有限的区域，经过横向和纵向的拓展，其涉及农业生产、加工、营销、管理、金融、服务等全过程，且在种植业、养殖业等领域有不同的应用。

4. 现代信息技术对农业信息化的作用

现代信息技术是推动农业产业化、进而推动农业现代化的关键之举。

对于现代农业而言，无论是生产方式、加工技术还是经营范围都发生了非常大的变化，而在这个变化的过程中，现代信息技术无疑起到了非常大的作用，突出表现在提高农业生产效率和农产品质量，提供农产品供需信息、交易信息和物流配送等系统平台（掌握市场供需状况和价格走势，有效解决信息不对称问题），促使农产品实现由产品向商品的转变，实现产销对接，最终提高农业生产效益和农民收入水平。

具体来说，利用现代信息技术建立集农业政策、生产技术、农产品市场、农业资源、农业资金和生产生活等信息于一体的网络体系，及时准确地向农民提供诸如政策、生产、技术、价格、市场、库存等重要信息，帮助农民按照市场需求生产经营，从而解决分散的小农生产和统一的大市场之间的矛盾：一方面，通过网络获取农业生产经营的各类信息，农民减少了农业生产的盲目性，有效降低了生产成本；另一方面，农民通过网络交易农产品，降低了农产品的销售成本。

下面介绍我国某柑橘农业信息化项目（见案例 5–2）。

【案例 5–2】

一、项目建设原则

按照“智慧农业”的总体战略部署，坚持“顶层设计、整体规划，分步实施、注重应用”的原则，以保障有效供给、质量安全、农民增收为目标，以全面推动农业生产经营信息化为主攻方向，围绕农业生产信息化、农业经营信息化、农业管理信息化、农业服务信息化为主要建设内容，搭建以“农业物联网”“农产品质量安全追溯”为核心的综合农业信息化管理平台。

二、项目建设意义

传统的农业生产经营方式已经不能适应发展的需要，农业的进一步发展将主要依赖新的技术应用和新的服务模式、商业模式的导入，信息技术在农业的广泛应用，不但可以提升农业的经营管理能力、提升政府监管服务效率，还可以使新的科技发挥集成效力，有助于打造现代农业新的核心竞争能力。

三、总体建设内容

依托“智慧农业”总平台，从以下四个方面开展信息化建设。一是完成以物联网为核心的智慧生产管理体系；二是完善以“12316”为依托的综合信息服务体系；三是适度开展品牌O2O电子商务建设；四是建立以质量监测为基础的柑橘全程可追溯系统。

项目一期主要建设内容包括：视频监控中心、物联网、农产品追溯系统等。一是建立生产调度中心，对各企业的生产进行实时监控、管理和调度等；二是在观光大棚、生产大棚、基地等建立农业物联网管理系统；三是建立水稻物联网综合管理系统；四是建立蛋鸡养殖物联网综合管理系统；五是建立养殖物联网系统和冷链储运物联网系统；六是建立办公区视频监控管理系统；七是建立肉鸭养殖物联网系统。

5. 农业信息化的重要意义

我国“十四五”规划指出：要完善农业科技创新体系，创新农技推广服务方式，建设智慧农业；建设现代农业产业园区和农业现代化示范区。我国土地幅员辽阔，经济、人口、资源、生态、气候等差异性大，再加上农户规模小，呈现出生产的分散性、很强的地域性和时变性以及很低的可控性和稳定性。通过农业信息化建设，可以加强对影响农业资源、生态环境、生产条件、气象环境、生物灾变和生产状况的宏观监测和预警预报，提高农业生产的可控性、稳定性和精确性，从而有效克服农业生产的分散化、小型化的行业弱势。

（1）农业信息化是农业现代化的重要组成部分。

农业信息化是农业现代化的重要组成部分，是农业赋能与产业转型升级最重要的一环，是激发农村创新创业和乡村振兴的催化剂。因此，大力加快农业信息化的发展对实现农业现代化具有重要的意义。

（2）农业信息化决定农业现代化发展水平。

用现代信息技术促进农业技术的提升，使高科技设备在农业生产、加工和经营中得到应用，这是实现农业现代化的必然要求，也是实现农业现代化的必要途径。农业信息技术应用于农业生产、加工和经营中，使农业现代化所需软件和硬件得到全面更新，进一步提高了农业的生产效率，同时也提高了农业生产经营者的整体素质。

（3）农业信息化提高农业生产经营效益。

互联网、物联网、大数据、人工智能等各种高科技应用于农业领域，将大幅降低农业生产和经营成本，提高农业生产经营效益。

（4）农业信息化可促使农业资源得到高效配置。

农业信息化缩短了城乡之间的距离，打破了国内外地理和空间界限，提高了农业生产经营水平，实现了技术、市场、价格等信息畅通，有助于农业资源的高效配置。

6. 农业信息化建设对策

（1）政府、农业企业和科研院所通力合作。

农业信息化建设是一项系统工程，需要政府、农业企业和科研院所通力合作。其一，政府要从我国农业信息化建设实际情况出发，借鉴国外先进经验，制定相应的农业信息化政策来保障农业信息化的有效开展和顺利实施；其二，作为农业信息化的应用主体，农业企业需要加大科技投入，积极运用农业信息化技术，提高企业生产经营效益；其三，科研院所（尤其是农业类高校）已成为农业信息化建设的多元主体之一，应充分发挥其在科技、人才、信息等方面所具有的得天独厚的优势，为农业信息化建设提供有力的支撑。

（2）加大农业信息化基础设施建设投入力度。

完善的基础设施是有效开展农业信息化建设的根本前提，然而，现实情况是，我国很大一部分农村地区的信息化基础设施比较薄弱，这极大地制约了农业信息化建设工作的开展。鉴于此，广大农村地区必须根据实际情况开展农业信息化基础设施建设。具体来说，如果当地整体经济发展水平较高，就应该在其已经具备的信息化基础设施的前提下，进一步建设农业信息化服务系统；如果当地经济水平相对落后，就应该尽可能弥补当地信息化基础设施短板。

以农机信息化、智能化为例，《国务院关于加快推进农业机械化和农机装备产业转型升级的指导意见》（国发〔2018〕42 号）提出“促进物联网、大数据、移动互联网、智能控制、卫星定位等信息技术在农机装备和农机作业上的应用”，该指导意见为今后农机智能化发展明确了目标任务和技术路线：一是加快智能农机装备创新发展，通过政策扶持等方式，加大智能化农机装备的推广力度；二是通过建设大田作物精准作业、智慧养殖、园艺作物智能化生产示范基地，引导智能化农机装备技术的市场化应用，积累经验，探索模式；三是积极推进“互联网＋农机作业”发展，建立农机大数据系统，提高农机监管、作业监测、故障诊断、远程调度、售后服务的信息化水平。未来，我国要下大力气将卫星导航、传感技术、计算机测控技术、无线通信技术、移动互联网、物联网等先进技术和智能化设备应用到农业机械领域，推广普及智能化农机，以农机智能化引领农业现代化。

（3）建立全国农业信息资源保障体系。

农业信息网络如果没有各种信息数据库的支撑，是不可能发挥其应有的作用的。作为农业大国，我国农业信息资源极其丰富，其内容包括农业自然资源信息、农业科技资源信息、农业管理信息、农产品市场信息、世界农业科技文献资源信息等。必须加强各种农业信息资源的建设、有序管理与应用开发。要利用现代信息处理技术、数据仓库技术、多媒体技术，建立全国农业信息资源保障体系，中央要建立国家级农业信息资源库，各省要建立省级农业信息资源库。

（4）建立计算机农业专家决策支持系统。

计算机农业专家决策支持系统包括不同的服务层次，如农业宏观决策、农业科学研究、农业生产管理等，具体内容包括政策模拟、调控决策方案模型、粮食安全预警等。同时要建立以主要农作物、畜禽、水产为对象的生产全程管理系统和实用技术系统，以促进农业生产的科学管理和先进技术的推广利用。

（5）建立基于网络和多媒体的农业技术推广体系。

农业科教的一项重要任务，就是将复杂的农业技术，采用信息技术和多媒体技术，以简单的方式表现出来，便于广大农民认知、接受和应用。而基于网络和多媒体的农业技术推广体系是各级政府部门和农业科技推广机构传播推广农业实用技术、普及农业科学知识的重要手段。农业科教人员或农民只需一台电脑或一部手机，就可随意点播各种多媒体农业节目，既可以学到实用的农业科技知识，还可以解决生产经营中遇到的实际问题。

因此，需要建立国家级、省级、地市级以及社会化的农业实用技术多媒体产品制作中心和网络服务系统。企业（尤其是高科技企业）应建立基于网络和多媒体的农业技术推广体系，在提供农业科技咨询、加强农业知识教育和促进农业科技推广的同时，自身也能取得较好的经济效益，市场前景广阔。

5.6 我国智慧农业发展现状

影响作物生长的因素有很多，主要包括土壤、气候、水分、品种、病虫害等，作物的产量和质量是前述因素的综合结果。因此，农民仅凭经验作决策已远远满足不了现代农业的需要。换句话说，现代农业需要借助大数据、物联网、人工智能等高科技实现科学种植。

在距离地球上空 500 ～ 900 千米轨道上运行的地球观测卫星每天可收集大量数据。通过使用专业度非常高的远程测量和遥感设备，卫星可以收集有关土壤质量、温度和大气条件等数据信息，同时还可以分析农作物的生长情况以及农作物体内氮和淀粉的存储量。此外，卫星还可监测当前环境情况，为即将到来的季节提供分析数据。一般来说，卫星数据要先经由科研机构和专业公司进行分析，然后将其转换成农民农业作业中可以利用的信息，例如有关植被的最新数据或者可为施肥、灌溉提供针对性建议的信息。

1. 智慧农业的内涵

智慧农业是互联网、物联网、云计算以及3S技术等现代信息技术与农业生产相融合的产物，通过对农业生产环境的智能感知和数据分析，实现农业生产精准化管理和可视化诊断。

智慧农业以智慧生产为核心，精细化、智能化、集约化、科学化生产促进农业提质增效。通过3S技术、物联网技术监测农产品生产环境和生长状况，利用科学智能的农业生产遥控设备实时遥控管理农产品生产状况，实现水肥药食自动投放管理，从而提高农产品品质和产量，降低农业生产成本。最后，通过大数据分析、农产品物流管理技术以及农产品品质检测技术，根据智慧农业生产决策系统中的农产品具体需求信息、物流信息以及农产品生长信息，为农产品的采摘、加工、仓储以及销售等提供有针对性的建议。

智慧农业是现代信息技术与农业生产、经营、管理和服务全产业链的“生态融合”和“基因重组”，可以从生产、加工、营销、销售等环节升级传统的农业产业链，提高农业生产效率。

总之，智慧农业是农业现代化发展的新模式，是集集约化生产、智能化远程控制、精细化调节、科学化管理、数据化分析和扁平化经营于一体的农业发展高级阶段。

2. 我国智慧农业发展历程

早在20世纪80年代，我国就开始了智慧农业之路。90年代是我国智慧农业的发展期，农业机器人成为农业发展的新方向。经过数十年的发展，我国在作物栽培、病虫害防治、生产管理等农业智慧应用等方面取得了显著的进步。目前，随着大数据、物联网、云计算和人工智能技术的进步，我国智慧农业迎来规模应用期（见表5–2）。

表5–2 我国智慧农业发展阶段

时期	时间段	成 就
萌芽期	20世纪80年代	我国开始研究农业专家系统，涉及作物栽培、病虫害防治、生产管理、节水灌溉等多个方面
快速发展期	20世纪90年代	农业机器人成为农业发展的新方向
规模应用期	21世纪	精准农业、新技术的快速发展为农业机器人发展提供了新的可能，采摘机器人以及利用计算机视觉等技术建立的水果自动分拣系统得到广泛应用，农业植保无人机技术也在不断发展

资料来源：中商产业研究院。

3. 智慧农业应用

目前，智慧农业在我国已经有了广泛的运用。例如，水产养殖智慧化用上了增氧机控制器。增氧机控制器利用了各种传感器设备、网络传输、智能控制等物联网技术，适合各种淡水渔业养殖业增氧控制需求，可实时监测环境温度、湿度、气压等参数，用户能够以参数为依据，通过手机 App 远程控制增氧机的启停，还能通过视频监控了解现场情况，做到足不出户，鱼塘尽在掌握。使用增氧机控制器能够防止鱼塘缺氧，提高饵料利用率，促进高产增产，节约用电成本和人力成本，适用于池塘养殖、围栏养殖、网箱养殖等多种水产养殖环境。

具体来说，增氧机控制器主要功能有：一是实时环境监测。通过精密的传感器设备，监测设备当前所处环境的温度、湿度、气压等数据，并将数据同步传输到手机端，用户可以直接在手机端了解鱼塘实时环境信息，并根据收到的数据作出判断。二是远程控制增氧机。通过网络传输技术，用户能直接在手机 App 一键控制增氧机的启动或关闭，最高可同时控制 6 路设备，不用实地操作，节省了时间成本、经济成本和人力成本。三是现场视频监控。采集现场环境监控视频，用户可以通过手机查看鱼塘及周围环境状况，及时判断是否开启增氧机，并查看增氧机运作是否正常，以降低风险。四是定时启动、异常告警。自带时钟功能，能设定任意时间自动启停，内置报警系统，当环境参数超过设定阈值时启动报警，并自动开启增氧机。在水产养殖中使用增氧机控制器，作用明显：一是保证鱼类摄食和生长所需条件，防止出现含氧过低导致的浮头、窒息死亡，或含氧过饱和引起的气泡病；二是降低 15% ～ 45% 的人员劳动强度和成本，增产增效；三是避免人为失误，提高抗风险能力；四是定时开关增氧机，节省 15% ～ 40% 的电力和 5% ～ 10% 的饵料。

另外，我国智慧农业应用领域较多的是智慧农业工厂。其采用精准滴灌、无土栽培技术，农作物所需要的水肥营养都通过计算机远程控制。

智慧大棚是智慧农业工厂的载体。以种植西红柿为例，水肥一体化无土栽培和滴灌设施由电脑控制，如有哪种营养元素缺乏，系统会自动提醒，并调整水肥量，让西红柿始终处于最佳生长状态。封闭的大棚空间隔绝了病虫害，西红柿不喷洒农药，也不使用激素催熟，无污染。智慧大棚种植的西红柿产量是传统种植方式的 5 ～ 6 倍，而用水量只相当于传统种植方式的 1/20。

2019 年 9 月，亚洲单体面积最大大棚——山东德州智慧产业园开始定植启用，该大棚单体最大面积 400 余亩，科技感十足，采用的新技术、新模式完全颠覆了传统的农业耕种方式，是现代农业的具体体现。大棚运用的是一种超白压延散射玻璃，透光率达 91.5%，阳光可均匀洒在每一棵植株上，而传统玻璃透光率为 89%。大棚还充分利用物联网技术，如同一个精细的生产车间。分布在大棚内的环境温湿度、土壤水分、二氧化碳等传感节点可实时采集棚内环境信息，并通过无线通信网络传输到电脑终端，经后台大数据分析研判后，物联网平台可按照人工设置的参数，自动开关调节指定的环境调控设备，控制喷水、开窗、开启帘幕等，精准控制浇水量、施肥量、温度、湿度等。借助这些先进技术，智慧农业大棚可实现农作物增产、增效、提质，而且能有效避免过度使用水肥造成的土壤板结、地力下降、环境恶化、农产品安全等一系列问题。

目前，大棚主要种植樱桃、番茄、心里红等 8 个品种，经过测算与实际种植，在全年的生产季里，大棚内每平方米产量是传统温室的 3 ～ 4 倍。此外，由于大棚内基本实现零农药，利用熊蜂授粉，病虫害生物防治，绿色、健康、无公害，种植出来的蔬果采摘后可直接食用。

从靠天吃饭到依靠智慧大棚科技种田，从传统农民到进入农业科技公司变身新型农业工人……通过发展智慧农业，相当多中国传统农民的生产和生活跟以前完全不一样了。

4. 当前我国智慧农业发展中存在的困难

我国是个传统的农业国，农业基础设施较为落后、农机设备现代化程度偏低，农民科技文化水平普遍不高，数量庞大、作业分散的小农生产方式让智慧农业这一注定颠覆传统农业的新模式推行起来极为不易。

具体来说，影响我国智慧农业发展的因素主要有以下两点。

（1）土地不集中。

推广智慧农业需要规模化的土地，然而，我国土地不集中的问题比较明显。

我国土地资源的总体特征表现在：一是绝对数量大、人均占有量少。数据显示，我国国土地面积 144 亿亩。其中，耕地约 20 亿亩，约占全国总面积的 13.9%；林地 18.7 亿亩，占比 12.98%；草地 43 亿亩，占比 29.9%；城市、工矿、交通用地 12 亿亩，占比 8.3%；内陆水域 4.3 亿亩，占比 2.9%；宜农宜林荒地约 19.3 亿亩，占 13.4%。我国耕地面积居世界第 4 位，林地居第 8 位，草地居第 2 位，但人均占有量低。截至 2017 年，我国人均耕地面积仅 1.46 亩，远低于世界发达国家，不及世界人均耕地面积的 44%，有 666 个县低于联合国粮农组织提出的人均耕地 0.8 亩的警戒线。二是土地资源分布不平衡。我国土地类型多种多样，但是各种类型的土地资源分布不平衡。从东到西又可分为湿润地区（占土地面积 32.2%）、半湿润地区（占土地面积 17.8%）、半干旱地区（占土地面积 19.2%）、干旱地区（占土地面积 30.8%）。我国 90% 以上的耕地和陆地水域分布在东南部；一半以上的林地集中在东北和西南山地；80% 以上的草地分布在西北干旱和半干旱地区，土地资源生产力集中在耕地上。

虽然我国耕地面积达20亿亩，但这些耕地主要采取家庭联产承包方式，分散在小规模的农户手里，土地很难连片，无法形成规模，导致我国智慧农业推进困难、成本高、资源浪费严重。

随着城市化进程的加速，近年来，我国耕地面积呈持续减少趋势。第三次农业普查数据显示，我国小农户数量占到农业经营主体的98%以上，小农户从业人员占农业从业人员的90%，小农户经营耕地面积占总耕地面积的70%。全国有2.3亿户农户，户均经营规模7.8亩，经营耕地10亩以下的农户有2.1亿户，户均不过十亩田。

（2）农业人才尤其是互联网人才缺乏。

发展智慧农业，农业人才尤其是互联网人才是一个重要的推动力。要利用互联网实现对农业生产要素的优化配置和利用，就要求现代农业生产者不仅会生产、懂市场、会经营，而且能运用互联网科技了解国家政策，掌握农业生产经营信息和市场供需行情等。由于我国农业人才尤其是互联网人才的缺乏，导致我国智慧农业的推广和落地困难。

5.7 数字技术在现代农业产业园的应用：以扎赉特旗国家现代农业产业园为例

“扎赉特”是由蒙古族原“扎剌亦儿部落”这个名称演变而来的，意指火苗、帽缨，有红顶贵族之意。内蒙古自治区兴安盟扎赉特旗是农牧业大旗，有耕地575万亩、草牧场600万亩、林地400万亩，水资源丰富，总量28亿立方米，灌溉水符合国家A级绿色食品生产标准，常年粮食总产量在35亿斤以上，拥有家畜总量280万头只，畜牧业标准化小区大场580个，农民专业合作社1893家，是全国粮食生产先进县、全国首批现代农业示范区、国家首批农业科技创新与集成示范基地、国家绿色食品标准化原料生产基地、国家现代农业产业园创建县、中国有机农产品（水稻）的生产示范基地，国家农村牧区一二三产融合发展试点县、国家级食品安全示范县和全国300个畜牧业大县之一。

扎赉特旗地处内蒙古自治区东北部，位于大兴安岭南麓向松嫩平原过渡地带，是国家乡村振兴重要粮食和畜产品生产基地。自2004年以来，粮食总产量稳定在10亿公斤以上；2006—2010年连续五年被农业部评为“全国粮食生产先进县”。全旗生猪饲养量已达260万头，连续三年被评为自治区生猪调出大县，2010年成为全国生猪生产调出大县；肉牛饲养量25万头，肉羊饲养量达123万只，畜牧业产值占到农业总产值的46.9%。同时，扎赉特旗处于国家玉米、大豆优势产业带，是国家新增千亿斤粮食产能规划主产区的重点县之一。

1. 主要建设内容

扎赉特旗国家现代农业产业园自创建以来大力发展水稻、旱作水稻、甜叶菊等优势特色产业，全力打造智慧农业、科普教育、社会化服务和产权交易“四大平台”，实施科技创新引领、绿色提质增效、数字化生产示范、新型经营主体培育和品牌建设“五大工程”，把60万亩产业园打造成三次产业真正融合、产加销无缝对接的现代农业产业园，为实施乡村振兴注入了新动力。

截至2019年底，扎赉特旗国家现代农业产业园已建成“两菊两稻”生态景观基地20万亩；建成稻渔、稻鸭共养基地5万亩；绿色有机数字化生产示范基地达到10万亩。产业园综合产值达到67亿元，适度规模经营率达到71%，主导产业加工率达到99%，“三品一标”农产品认证比例达到85%，农产品订单率达到80%。2020年，农民人均可支配收入达到2.5万元，是扎赉特旗平均水平的2倍以上。

2. 案例借鉴

（1）大力发展智慧农业。

产业园依托院士专家团队，建设了“物联网+智慧农业”科技服务中心，搭建了智慧农业和科技创新两个平台，并建设了院士工作站，实现了专家咨询、智能装备、田间预警、电商销售和农产品质量安全追溯等多种信息化服务功能。

（2）构建稳定长效利益联结机制。

产业园构建稳定长效利益联结机制，积极引导新型农业经营主体与一般农户、贫困农户和村集体结成利益共同体，创造了多种联结机制，让农民更多分享产业链条上的增值收益，促进农户持续稳定增收。同时，积极推行“裕丰助贷”和“魏佳期货”等成熟的利益分配模式，通过金融互助和期货增值等方式，企业、合作社、农民之间建立了一条稳定的资金链，快速推动产业链发展，形成了多方共赢的利益链。

产业园采取农民入股和反租倒包方式，实行统一经营，即“合作社+农户+龙头企业”，走订单农业和智慧农业之路。以创建国家现代农业产业园为龙头，培育了社会化服务农民专业示范社10家，实现了资源的整合和有效利用，促进农业与第二、第三产业融合发展。

第 6 章

国家级现代农业产业园案例解读

国家级现代农业产业园是我国最高级别的现代农业产业园。国家级现代农业产业园以技术密集为主要特点，以科技开发、示范、辐射和推广为主要内容，以促进区域农业结构调整和产业升级为目标，围绕主导产业，将优势区域促进农民增收的各种类型都纳入了园区建设范围。

2017 年 6 月，农业部、财政部启动了国家现代农业产业园申请创建和遴选评审工作，经过县（市、区）申请、省级推荐、实地核查、现场答辩等公开竞争选拔程序，并按程序报批后，遴选出第一批创建国家现代农业产业园。2018 年 12 月，农业农村部、财政部启动了首批国家现代农业产业园认定工作。经产业园创建绩效自评、所在县申请认定、省级审核推荐、创建绩效评价、现场考察等程序，国家现代农业产业园建设工作领导小组办公室研究提出了首批 20 个国家现代农业产业园拟认定名单。2019 年 4 月，在广东省江门市召开的全国现代农业产业园工作推进会上，首批 20 个国家现代农业产业园被认定并授牌。

下面是列入第一批、第二批国家现代农业产业园名单的部分园区的介绍及分析。

案例一　黑龙江省五常市现代农业产业园

一、主要建设内容

黑龙江省五常市是闻名全国的“中国优质稻米之乡”。黑龙江省五常市现代农业产业园总面积45万亩，是水稻生产核心区，共涉及10个乡镇38个行政村，人口30.6万，其中，农业人口12.6万。产业园以实现水稻优质、高产、高效为目标，重点建设智能化催芽、标准化育苗大棚、标准化模式栽培、全程机械化生产、绿色生物防控等设施。产业园集水稻智能浸种催芽、智能大棚育秧、科技农业展示、农机化服务于一体，育秧工厂、农机库、良种展示推广区、水稻技术推广展示区等设施完备。2018年，新建数字农业示范园5万亩、有机精准农业种植基地1.2万亩。园内已实现绿色水稻种植全覆盖、有机水稻种植面积20万亩，取得有机食品认证59个、绿色食品认证58个，绿色、有机认证农产品比重达100%。

产业园20万亩示范带以科技应用、成果展示为目标，在示范区建设基础上，突出现代科技设施装备等生产要素的综合集成，推进方条田改造、渠系硬化、道路整修、村屯美化，建设环境优美、设施配套、管理先进的示范带，重点打造新技术示范、优质高产攻关、立体开发、循环经济、稻乡文化旅游等七个节点。

五常市现代农业产业园农业生产实现了自动化监测、精准化作业、数字化管理、智能化决策、信息化服务。产业园建设了农业物联网服务中心，智慧农业监控室宽大的显示屏上，稻田里的水位、含氧量、水温等指数一目了然。轻点鼠标，五常市的223.6万亩稻田实景一览无余。在这里可以实现对五常大米生产全程监控、田间管理远程控制、农业技术远程服务及五常大米全程溯源防伪。产业园充分运用物联网技术，实现稻米等农作物高度智能化生产，通过将病虫害、田间水位、水质、视频等传感器及摄像头安置于田间地头组成的监控网络，获取全方位、多维度采集园内稻田的各类信息和实时视频图像，实现对稻田“四情”（即苗情、墒情、病虫情、灾情）的实时监控，园区还具备对稻米收获、运输等信息的汇集、传输、分析、决策等功能。

在发展水稻产业的同时，产业园还大力发展观光农业、体验农业等农村第三产业。建设了以乔府现代农业产业园、欧帝风情度假村、田美小镇等为主的休闲农业示范基地50多个，年接待游客4.6万人，实现收入5000万元，形成了集有机水稻种植、加工、观光娱乐、餐饮、科普等于一体的生态农业观光模式。例如，乔府现代农业产业示范园有20万亩高标准水稻种植基地，以及年加工30万吨稻谷能力的自动化生产线。园内的王家屯合作社依托区位和资源优势，先后投资兴建了“稻花香”生态体验区、稻田观景台、观光长廊和自行车环道，加上周边农户的农家乐，合作社已形成集稻米文化、稻米种植、稻米加工、稻米观光于一体的休闲农业体验区。

为发挥现代农业产业园的辐射带动效应，五常市在园内积极探索并推广了“企业 + 基地”“企业 + 农户”“企业 + 合作社”“合作社 + 企业”

等4种联农带农利益机制，联结农户3.14万户，2018年园内农民人均纯收入达到22928元，比当地农民平均水平高出30.2%。

目前，五常市国家现代农业产业园已初步构建"稻米观光＋稻米体验＋稻米加工＋稻米品鉴＋稻米营销"的四季全产业链开发体系，缔造五常稻米农业旅游品牌，一二三产业得到深度融合。在2017年发布的"中国品牌价值评价信息"榜单中，五常大米品牌价值670.7亿元，位列地标品牌大米类第一。

二、建设模式

现代农业产业园建设要紧紧围绕推进农业供给侧结构性改革这条主线，立足优势特色产业，以提高农业质量效益和竞争力为中心任务，以培育壮大新型农业经营主体、推进一二三产业融合为重点，聚力建设以规模化种养基地为依托、产业化龙头企业带动、现代生产要素聚集的现代农业产业集群，促进农业生产、加工、物流、研发、示范、服务等相互融合和全产业链开发，创新农民利益共享机制，带动农民持续稳定增收，加快构建现代农业产业体系、生产体系、经营体系，打造高起点、高标准的现代农业发展先行区，为农业农村经济持续健康发展注入新动能新活力。

五常市国家现代农业产业园为推进农村一二三产业融合发展，以让农民分享第二、第三产业增值收益为主线，探索并推广了以下四种模式。

（一）"企业＋基地"模式

由企业一次性流转土地到第二轮土地承包期。它的主要特点是企业建立了标准化基地，保证了粮质粮源，提高了产品价格。被流转土地的农民，一部分由企业反租倒包，农民开展专业化种植，获得生产收益；一部分优先进入企业务工，获得工资收益；还有一部分发展农村第三产业，获得经营收益。例如东方粮仓五常稻谷产业有限公司一次性流转土地 1.2 万亩，被流转户可优先进入企业务工或承担土地种植，被流转农户人均年收入增加了 3200 元。

（二）“企业 + 农户”模式

由企业提供生产资料和种植规程，农户自主种植并按订单价格卖给企业。它的特点是企业与农民建立长期稳定的合作关系，企业实行定制式收购，农民实行标准化种植，保证了大米品质，提升了产品价值，农民获得产品价值逐年提升带来的收益。

（三）“企业 + 合作社”模式

由企业领办合作社，合作社入股企业。它的特点是企业在资金、人才等方面支持合作社，增强合作社发展能力，农民在享受合作社保底收入和生产效益分红的同时，合作社以土地、资金等入股企业，农民再次享受企业第二、第三产业增值收益分红。

（四）“合作社 + 企业”模式

由合作社组建企业，农民享受全产业链分红。它的特点是农民采取土地、资产折资入股或以资金直接入股的方式加入合作社，合作社组建稻米加工企业，合作社全体社员都持有数量不等的股份，合作社实行统一生产、统一收购、统一加工、统一销售、按股分配，农民享受一二三产业增值收益。

三、重点项目

五常市金福粮油有限公司于2013年5月投资1.08亿元建设集基地种植、种子研发、农机服务、水稻精深加工等于一体的现代农业产业园区。该项目占地8万平方米，园区包括稻米收购交易展示平台及综合办公区、稻米精深加工区、米糠油精炼及灌装区、原粮成品仓储区，以及相关附属配套设施等。该项目二期全部竣工投产后，水稻仓储能力可增到10万吨，年稻谷加工能力可达30万吨，米糠油精炼能力可达1.5万吨。除此之外，总投资1亿元，主营中药饮片生产的哈尔滨普方药业项目，以及总投资5.7亿元，主营生物质发电的龙治新能源项目也是产业园内重点项目。

四、投资运营

2016年五常市共引进项目19个，签约额达33.8亿元，其中，13个项目实现当年签约、当年开工建设。

案例二　四川省眉山市东坡区现代农业产业园

一、主要建设内容

四川省眉山市东坡区国家现代农业产业园涵盖12个乡镇。近5年，东坡区整合投入资金9.5亿元，建成高标准泡菜原料基地16万亩，其中万亩泡菜原料基地12个，辐射带动发展标准化蔬菜种植基地33.5万亩，建成国家级绿色食品原料（蔬菜）标准化生产基地18.4万亩，形成田成方、路成网、沟相通、渠相连的格局，获得“三品一标”产品认证119个。

产业园分为泡菜原料种植区、中心城区、科研示范区、泡菜生产区。东坡区在创建国家现代农业产业园期间，把科技摆到了重中之重的位置，投入资金支持重大科技专项研发、创新服务平台建设、创新团队引进……一系列鼓励农业产业做大做强的措施，有针对性地全方位助力产业园泡菜产业发展。在科技助力下，2018年产业园年加工泡菜原料170万吨，年产值165亿元，占全国泡菜市场的份额达到1/3。

数据显示，国家现代农业产业园1亿元奖补资金已撬动35亿元资金投入产业园建设。产业园区以泡菜加工为龙头，原料基地、龙头企业、博览展销、文化旅游共同发展，实现了六个“全国第一”：全国第一个规模最大、功能最全、工艺最新的泡菜产业园区，全国第一个国家级泡菜质量监督检验中心，全国第一个泡菜产业技术研究院[1]，全国第一个中国泡菜博物馆，全国第一个泡菜行业标准，全国第一个泡菜行业4A

[1] 产业园按照政府项目支持、重点企业出资、科研团队主体的模式，成立了具有独立法人、民办非企业性质的四川东坡中国泡菜产业技术研究院，聚集了四川省食品发酵院、四川大学、四川农业大学、四川省农科院和重点龙头企业的一大批高水平研发人员。形成了以中国泡菜产业技术研究院为龙头，大专院校、科研机构为支撑，企业为主体的科研体系。全市泡菜产业已建成2个博士后创新实践基地、2个省级工程技术中心、2个科技企业孵化器、17个市级以上工程技术中心和企业技术中心，拥有各类泡菜研发人员300余人，成为全国泡菜科技研发中心，被科技部授予“四川优质泡菜产业国家科技特派员创业链”。

级景区。未来产业园将围绕国家泡菜产业科技创新中心，以“中国泡菜城”为重点，加快发展步伐，计划新增投资100亿元，着力推进“5334”工程。“5”指建设现代农业“五区”，即特色产业引领区、新型科技集成区、创业创新孵化区、一二三产业融合示范区、现代农业核心区；“3”即建设行业领军“三中心”——泡菜行业科研中心，泡菜行业质检中心，泡菜行业标准中心。再一个“3”指建设产业聚合“三平台”，即泡菜企业集聚平台，泡菜产品交易平台，泡菜人才培育平台；“4”指建设全国示范“四基地”，即泡菜科研成果中试转化示范基地，泡菜生产加工示范基地，泡菜文化科普示范基地，泡菜原料种植示范基地。

二、建设模式

主导产业强势发展的同时，东坡区还探索出了“市场牵龙头、龙头带基地、基地联农户”多方共赢的牢固利益联接机制。截至2019年3月，2.6万名农民在产业园内就近务工，实现工资性收入10亿元，扶持培育1100名农民成为新型农业经营主体带头人，培育农民专业合作社420个、家庭农场487个、专业大户1870户。2019年园内农民人均可支配收入达2.6万元，比全区农民人均可支配收入高出33个百分点。

（一）“企业+农户”为主的订单合同型联结模式

产业园区全面推行“订单农业”，东坡区国家现代农业产业园泡菜原料种植订单率达到90%以上，带动12万农户增加收入3.06亿元。

（二）“企业＋基地＋农户”为主的流转聘用型联结模式

龙头企业建种植基地，农民在获得土地流转金的同时，可以在基地务工，也可以进企业务工。园区解决农民常年务工和季节性务工 2.6 万人，年实现务工增收 8.6 亿元。

（三）“合作社＋农户”为主的服务协作型联结模式

成立农民专业合作社，统一农技知识、农资购买、农机服务、质量标准、销售，实现按股分红、利益共享、风险共担。例如好味稻专业合作社，带领农户以“稻－菜轮作”模式种植优质水稻和泡菜原料，年粮食总产量1.6万吨，实现机械跨区作业6万余亩、机械烘干稻谷4万余吨，社员累计分红 660 余万元。

（四）“综合体＋农户”为主的三产带动型联结模式

安置从事园林、环卫、劝导等公益岗位，带动农民从事餐饮、旅游电商、物流、运输等泡菜上下游产业，切实增加收入。

三、科学规划“一中心、六基地”产业布局

东坡区现代农业产业园科学规划“一中心、六基地”产业布局，做到了城镇、产业、交通、新农村、土地利用和经济社会发展规划有机衔接；坚持土地确权颁证，园区农村土地使用权确权率 100%、确权面积 35 万亩；坚持土地流转，创新土地信托流转模式，由政府出资成立农村土地流转服务公司，引导农民先将土地进行预流转，经打包整理后再集

中对外引进业主，发展适度规模种植。目前，园区已流转土地 27.7 万余亩、流转率 79%。坚持延伸产业链条，依托“中国泡菜城”，建设泡菜风情街、美食街和文化广场，连续八年成功举办中国泡菜博览会，创建国家 4A 级旅游景区，同时推动了电商创业创新和上下游产业发展。

案例三　山东省金乡县现代农业产业园

一、建设背景

金乡县位于山东省西南部，济宁市南部，南四湖（南阳湖、独山湖、昭阳湖、微山湖）之西，是全国著名的大蒜之乡、辣椒之乡、金谷之乡和长寿之乡。金乡大蒜种植历史悠久，自东汉初年，农民就有种蒜的习俗。这里自然条件优越，土地肥沃，再加上当地农民广泛采用地膜覆盖、配方施肥等先进的种植技术，所产大蒜个大、皮白、肉黏味香、辣味适中、营养丰富，具有很高的食用价值。金乡大蒜还具有广泛的药用价值，特别是在预防癌症和保健方面有特殊的功效。

山东省金乡县拥有耕地 94 万亩，其中 70 万亩常年种植大蒜。金乡县是全国甚至世界公认的大蒜种植、贮藏、加工、贸易中心和价格形成中心，“金乡大蒜”被国家工商总局认定为“中国驰名商标”、山东省首批知名农产品区域公用品牌，品牌价值达到 202.58 亿元。

二、主要建设内容

金乡县国家现代农业产业园是国家首批创建、首批认定的国家级现代农业产业园。产业园位于金乡县城西至城南，整体呈“L”形，以鱼山街道、金乡街道为核心，辐射王丕街道、高河街道、化雨镇部分村。金乡县现代农业产业园4.8万亩耕地，大蒜标准化种植基地达3.6万亩，产量4.2万吨，总产值达到23.5亿元，占产业园农业总产值的80%，带动金乡及周边地区种植大蒜200多万亩。

产业园以大蒜为主导产业，以树立全国大蒜产业创新驱动发展新标杆为目标，以推进基地支撑、产业融合、链条延伸、产品升级为方向，突出生产、加工、物流、科研、文化、示范、服务等功能板块，已经初步形成“一心、一轴、三基地、三片区”空间布局。“一心”是指现代农业科技集成创新中心；“一轴”是指农旅深度融合与生态景观轴；“三基地”是指现代农产品综合物流基地、农业高新技术产业化示范基地、农村创业创新孵化基地；“三大片区”是指特色农产品加工片区、特色高效农业规模化种植片区、工厂化现代农业展示引领片区。以国际蒜都中心为例，作为产业园核心支撑项目之一，项目占地80余亩，总投资3.6亿元，集科技研发、展示展览、检验检测、大数据、电子交易等功能于一体，将建成金乡县地标性复合型建筑。

产业园按照“一年有起色、两年见成效、四年成体系”的要求，实施三大机制创新、四大模式创新、六大建设任务，到2020年基本形成技术装备先进、资源要素聚集、经营规模适度、一二三产业融合、数量质量效益并重、生态环境可持续和农业竞争力提升的农业现代化发展格局，建成产业特色鲜明、要素高度聚集、设施装备先进、生产方式绿色、经济效益显著、辐射带动有力的国家现代农业产业园。

三、经营模式

金乡县现代农业产业园以构建大蒜“生产＋加工＋科技＋营销”于一体的全产业链经营模式为主线，推动生产、加工、旅游、服务等产业族群发展，形成了以第二产业带强第一产业、第三产业带活第一产业，主体融合、三次产业联动的良好格局。

产业园着力推广“龙头企业＋基地＋合作社＋农户”模式，以农民专业合作社为纽带，一头连企业，一头连农户，共同建立大蒜标准化种植基地。合作社代表农户，与大蒜购销或加工企业签订协议，组织农民按照企业需求进行种植，企业按约定保护价收购合作社大蒜产品。目前，按照类似模式获得“保护价”待遇的大蒜种植面积已达3.6万亩，占比达100%。

四、案例借鉴

（一）全产业链发展思维

金乡县国家现代农业产业园立足“金乡大蒜”这一金字招牌和大蒜主导产业，运用全产业链发展思维，通过规模化种植、标准化生产、精深化加工、品牌化营销，在园区构建起集大蒜生产、加工、科技、营销于一体的全产业链经营模式。

（二）精深加工提高产品附加值

金乡县国家现代农业产业园以大蒜为主导产业，包括大蒜种植、贮藏、加工、贸易等环节。在加工方面，产业园着重大蒜精深加工，产品附加值可以增长数倍甚至数十倍。产业园里的大蒜深加工产品包括速冻蒜米、脱水蒜片、大蒜精油、发酵黑蒜、硒蒜胶囊等，数量达到100多个，有力地带动了区域农业的高质量发展。

近年来，立足雄厚的产业基础和强大的科技支撑能力，金乡进一步推进了大蒜产业加工园区建设，总投资达20亿元的大蒜深加工及仓储物流项目也落户产业园，已培育规模以上大蒜加工企业128家，其中深加工企业76家，国家级、省级、市级农业龙头企业分别有1家、8家和44家；年加工大蒜能力达80万吨，农产品加工转化率达91%，产值65亿元。

（三）借助电商渠道销售产品

近年来，互联网技术的快速发展和手机、电脑等电子产品的迅速普及，再加上城乡日益融合，为电商布局广大农村奠定了坚实的基础。同时，随着一二线城市市场日趋饱和，广阔的农村成为重要的市场。农村电商的作用不言而喻，其大大拓宽了企业的市场维度，企业的营销渠道进一步下沉，营销触角进一步延伸，营销空间进一步加大。

2015年，金乡在大蒜节期间举办了“全国乐村淘金乡大蒜直采”活动，实现网销大蒜1.8万单。2016年，金乡大蒜网络零售额达12亿元，出口额近5亿美元。

案例四 贵州省水城县现代农业产业园

一、建设背景

2013年，贵州省委省政府提出推进“5个100工程”重点发展平台建设，其中包括打造100个现代高效农业示范园。六盘水市抢抓机遇，审时度势，以市场为导向，按照产业生态化、生态产业化的思路，坚持因地制宜，立足资源禀赋，突出特色优势，着力在水城县米箩镇等周边适宜地区打造农业产业园。

园区自创建以来，先后荣获国家有机产品认证示范创建区、全国休闲农业与乡村旅游示范点和贵州省重点现代高效农业示范园区等殊荣，2013年以来连续4年蝉联贵州省农业园区综合绩效考评第一名，被列为全国农村改革试验区、农村一二三产业融合发展试点，具有良好的创建国家现代农业产业园的基础条件。

二、主要建设内容

贵州省水城县现代农业产业园位于“中国凉都”六盘水市腹地，在水城县猕猴桃产业示范园区基础上创建，规划总面积443.29平方千米，产业园覆盖水城县5个乡（镇）23个行政村，涉及农户15.16万人，涵盖3个园区、11个市场、5个研发中心。

水城县现代农业产业园主导产业为猕猴桃和茶叶，共建成主导产业基地13.5万亩：产业园区在海拔1300米以下的地热河谷地带建成猕猴桃产业基地10.3万亩，在海拔1300米以上的山区种植茶叶3.2万亩，其中集中连片千亩以上的基地33个。产业园建成了“中国醉美百里猕猴桃谷”和水盘高速猕猴桃产业示范带、水盘东线猕猴桃产业辐射带，产业园是贵州省最大的红心猕猴桃生产基地，占全省红心猕猴桃生产基地90%以上，成为全国最大的红心猕猴桃产区之一。

产业园建成县级农产品质量检测中心1个、农产品质量检测室15

个，猕猴桃、茶叶抽检合格率100%。25家企业建成并接入贵州省农产品质量安全追溯系统，覆盖基地面积的86.7%以上；建成物联网试点5000亩，在更高层次和水平上实施了农产品质量安全可追溯。开展“三品一标”认证，有机农产品认证猕猴桃4550亩、茶叶1600亩，“水城猕猴桃”“水城春茶”获得了农业部、质检总局国家地理标志认证；24家主导产业企业基地通过ISO9001、HACCP等质量管理体系认证，认证面积6.5万亩；2016年获批创建“国家生态原产地产品保护示范城市”“国家级出口食品农产品（猕猴桃）质量安全示范区”“省级出口食品农产品（茶叶）质量安全示范区”。

产业园区分为种植示范基地、产学研基地、深加工基地和布依风情生态园、米箩现代农业观光园等5个功能区。建成特色农产品仓储物流园1个、冷链电商物流园1个、猕猴桃交易市场1个、培育发展本地电商30余家。

产业园运用果园单轨运输机、植保飞机、自走式风送喷雾机、搬运车等，实现了果园机械作业。

三、建设模式

国家建设现代农业产业园，主要是为培育农业农村经济发展新动能创造新经验，有利于在更深层次上吸引和集聚土地、资本、科技、人才、信息等现代要素，加快改革举措落地，创新发展体制机制，打通先进生产力进入农业的通道，全面激活市场、激活要素、激活主体，促进产业集聚、企业集群发展，发挥引领辐射带动作用，形成农业农村经济发展新的动力源。此外，推进适度规模经营，建设新型经营主体创业创新孵化区。鼓励引导家庭农场、农民合作社、农业产业化龙头企业等新型经营主体，重点通过股份合作等形式入园创业创新，发展多种形式的适度规模经营，搭建一批创业见习、创客服务平台，降低创业风险成本，提高创业成功率，将产业园打造成为新型经营主体“双创”的孵化区。

水城县现代农业产业园经营主体集群发展，共引进和培育六盘水市农投公司、凉都猕猴桃产业集团公司、水城县宏兴公司、水城县鸿源公司、水城县茶叶公司等经营主体183家，其中企业69家，农民专业合作社55家，家庭农场和种养大户59家，涉及猕猴桃和茶叶两个主导产业的生产、加工、销售、科研、技术服务等领域，已建成猕猴桃加工年产能13万吨生产线，加工产值24.1亿元。

四、案例借鉴

（一）科技支撑强劲给力

1. 科技合作成效显著

水城县现代农业产业园成功与中科院结为定点帮扶单位，与中科院武汉植物园、省农科院等10余家科研机构合作，建成猕猴桃产学研基地2个、种质资源圃200亩、实训基地1500亩；利用以色列政府贷款2500万美元，引进先进的灌溉设备建成1万亩水肥一体化高标准猕猴桃产业基地。

2. 自主研发能力增强

水城县现代农业产业园开展的“贵州红心猕猴桃产业化技术集成与示范应用”项目研究获得贵州省“科技成果转化二等奖”和“科学技术二等奖”；研发的“控苗培根”栽培技术，使猕猴桃挂果期提前了1～2

年；研发的“深沟起陇”栽培技术有效解决了春旱严重区域茶叶存活率低的难题。凉都“弥你红”系列红心猕猴桃果酒通过美国 FDA[1] 认证（贵州只有茅台酒和凉都猕猴桃果酒通过该项认证）。

（二）推进“三变”改革全覆盖

水城县现代农业产业园深入推进“资源变资产、资金变股金、农民变股东”的“三变”改革，目前，产业园内共有 3.14 万亩村集体土地、15.29 万亩土地实现了资源变资产；共有 2559.24 万元各级财政资金、340 万元村集体资金、32800 万元社会资金，实现了资金变股金；2.64 万户农户 9.23 万人通过多种入股模式参与到产业发展中，实现了农民变股东。

通过强化利益联结，园区共有 2709 户贫困户、10340 名贫困人口享受财政扶贫资金量化股份分红，户均年分红收入 1000 ～ 2500 元；共有 1420 户贫困户、4493 名贫困人口通过“脱贫贷”入股，年实现分红达 1335 万元；共有 3.32 万户农户（其中贫困户 0.56 万户）以土地流转、入股猕猴桃产业实现保底分红 1.2 亿元，其中贫困户分红 1695 万元；农户在基地务工实现收入 1.5 亿元，其中贫困户收入 4472 万元。

（三）强化投融资支持

建设现代农业产业园需要大量的资金支持。水城县现代农业产业园

[1] FDA 是食品药品监督管理局（Food and Drug Administration）的简称。美国 FDA 由美国国会即联邦政府授权，是专门从事食品与药品管理的最高执法机关，也是一个由医生、律师、微生物学家、化学家和统计学家等专业人士组成的致力于保护、促进和提高国民健康的政府卫生管制的监控机构。许多国家都通过寻求和接收 FDA 的帮助来促进并监控其本国产品的安全。

组建了两家投融资平台公司，并与多家金融机构达成贷款框架协议，解决产业园内产业发展融资难的问题。

（四）强化招商引资

国家现代农业产业园建设的指导思想是以培育壮大新型农业经营主体、推进一二三产业融合为重点，聚力建设以规模化种养基地为依托、产业化龙头企业带动、现代生产要素聚集的现代农业产业集群，促进农业生产、加工、物流、研发、示范、服务等相互融合和全产业链开发。水城县现代农业产业园积极引进投资和开展战略合作，强化园区主体培育。2017年产业园签约项目8个，签约资金10.26亿元，到位资金3.89亿元。

（五）促进农旅一体化

产业园建成了中国“三变”展示中心、半方塘休闲度假中心、巴浪河现代高效农业科技示范园等农旅示范点，年接待游客100万人次以上。

案例五　湖北省潜江市现代农业产业园

一、建设背景

2017年，湖北省出台了现代农业产业园创建的相关政策，计划从2017年开始，用3～4年时间，在湖北全省建设100个现代农业产业园，其中，粮油、蔬菜、水果和茶叶产业园各10个，中药材产业园5个，畜禽产业园15个，水产产业园10个，农产品加工园15个，循环产业园、休闲农业园和创业创新园各 5 个。

湖北省潜江市被称为“中国小龙虾之乡”和“中国小龙虾加工出口第一市”，龙虾系列产品出口美国、欧盟、日本等 30 多个国家和地区，享有“世界龙虾看中国，中国龙虾看湖北，湖北龙虾看潜江”的美誉。

潜江龙虾产业经过十多年的探索、创新和发展，已形成集科研示范、良种选育、苗种繁殖、健康养殖、加工出口、餐饮服务、冷链物流、精深加工、节庆文化等于一体的产业化格局，产业链条十分完整，成为全市农业经济的支柱产业、地方经济的特色产业。

二、主要建设内容

潜江市现代农业产业园总面积 88.62 万亩，覆盖园林、泰丰、杨市、龙湾、熊口和渔洋 6 个镇 114 个村，共有 5.2 万农户、21.37 万人，建设期内计划完成总投资 17.53 亿元。

产业园主导产业虾 – 稻，综合种养面积 19.80 万亩。产业园重点聚焦现代产业园区“产业融合、农户带动、技术集成、就业增收、引领农业供给侧结构性改革、加快推进农业现代化”的核心功能，结合虾 – 稻产业优势、发展潜力、经济区位、环境容量和资源承载力，构建“两区一基地”。“两区”即科技创新和综合商务区（核心区），产业集聚与产城融合发展区（示范区）；“一基地”即绿色高效“虾稻共作”标准化种养基地（辐射区）。

湖北省潜江市现代农业产业园涉及的项目有 19 个。其中，2017 年开始建设的项目有 5 个，2018 年启动建设的项目有 8 个，由地方资金、企业和社会资本投资建设的项目有 6 个（见表 6–1）。

表 6-1　湖北省潜江市现代农业产业园涉及项目汇总表

2017 年开始建设的项目	
1	“虾稻共作”标准化基地建设项目
2	虾－稻产业大数据中心建设项目
3	虾－稻产业电子商务平台及 12316 信息平台建设项目
4	虾稻产品品牌营销建设项目
5	国家小龙虾检验检测中心建设项目
2018 年启动建设的项目	
1	农产品产地质量预警监测体系建设项目
2	小龙虾良种选育繁育研究中心建设项目
3	潜江虾稻良种选育繁育中心建设项目
4	潜江虾稻精深加工及冷链仓储建设项目
5	虾－稻产业人才培养建设项目
6	全国小龙虾交易中心建设项目
7	金融扶农平台建设项目
8	“三农”综合服务中心建设项目
由地方资金、企业和社会资本投资建设的项目	
1	高标准农田建设项目
2	水利基础设施建设项目
3	农村环境综合整治建设项目
4	小龙虾精深加工建设项目
5	潜江龙虾科普教育中心建设项目
6	生态龙虾城建设项目

资料来源：中商产业研究院。

产业园建设了国内首个以小龙虾为主体的生态龙虾城，从产品深加工、延伸产业链上发力，例如推动相关企业进行废弃虾壳循环利用，建成甲壳素深加工产业集群，打造甲壳素之都；实现农业产业全链条增值，着力发展食品加工产业、小龙虾及优质淡水产品产业等主导产业。目前，园区已有125家新型经营主体入园，其中，农产品加工企业45家、加工产值247亿元，打造了“良仁”“楚江红”“虾乡稻”等3个中国驰名商标。

产业园拥有全国唯一的小龙虾院士专家工作站，站内组建“一委三专班”（即专家委员会，技术专班、管理专班、推广专班），依托该中心开展良种选育、规模化繁育、健康养殖三大研究工作。与武汉大学等单位合作，成立虾－稻产品开发研究中心。

截至2018年底，潜江虾稻共作面积达75万亩，龙虾产量近13.5万吨，养殖产值（含苗种产值）54亿元，建成13个万亩和60个千亩集中连片虾稻共作标准化生态种养基地，形成了布局合理、集中连片、产销功能齐全的潜江龙虾养殖新格局。2018年，标准化生产技术普及和合作社“保姆式”的服务，让产业园基地3098户全部受益。基地亩产小龙虾200公斤左右，优质稻谷600公斤左右，亩均纯收入突破4000元，高的可达8000元。同时，普遍实现减肥减药40%～50%。2018年潜江龙虾全产业链综合产值达320亿元，带动15万人就业，助力潜江市如期打好脱贫攻坚战。全市有劳动能力的贫困户中，共有2910户、7139人从事小龙虾产业并脱贫。潜江市某村村民曾是贫困户，种植水稻20多年，因为水稻品种单一和售粮价格的不确定性，每年收入平平，加之身患疾病，家里入不敷出。2014年，该村民开始尝试养殖小龙虾，但由于缺乏技术，接连亏损。国家现代农业产业园项目来到该村后，为该村建立了标准化农田，整村推进虾稻共作，村里成立了两家合作社。后来该村民加入潜江市一家小龙虾养殖专业合作社，参加了相关养殖技术培训，养殖技术越来越成熟，每亩收益达到7000元左右，除去各项成本，30亩的龙虾养殖基地已为他带来了20多万元的收入，不仅让他摘掉了贫困的帽子，更成了致富的代表。

三、建设模式

潜江市现代农业产业园坚持“好水好虾好稻”理念，政府引导、园区创建、市场主导、农民参与。通过建设现代农业产业园，创新探索出“统一建设，统分结合”的路子：将零散的农田建设成标准化基地，再返包合作社或村民生产经营；实行统一管理，分散经营，统分结合，合理分配的模式。具体来说，产业园采取“企业＋合作社＋基地＋农户”的运作模式，围绕“虾－稻、大豆、果蔬、潜半夏”等特色优势产业，突出一二三产业融合发展，以项目为载体，转变农业发展方式为重点，农民增收为目标，进一步打造潜江农业发展新优势，全市农业现代化建设进程稳步推进，农业和农村经济保持了良好的发展态势，彰显了强劲的辐射、带动和示范作用。

四、案例借鉴

（一）抓住第一产业

潜江小龙虾发展的根基在第一产业，采用虾稻共作生态种养模式可亩产小龙虾200公斤左右，亩均纯收入5000元左右，具有很好的稳粮增收效果和显著的经济、社会、生态效益。

（二）打“生态牌”

产业园减少农药、化肥等投入，使用生物肥、频振式杀虫灯等办法，发展生态环保的虾稻共作模式。

（三）创新生产模式

产业园在虾稻连作模式基础上，创新发展了“虾稻共作”“虾鳅稻共作”“虾鳖稻共作”“虾莲共作”等模式；在池塘养殖方面，推出了“虾蟹鳜混养”“小龙虾－网箱养鳝”等模式。

（四）成立潜江龙虾职业学院

产业园成立了龙虾职业学院，在全国首设小龙虾专业，被纳入国家高等院校培养计划，培养输出专业技术人才1200多名；实施“万师千店”工程，为全市2000家小龙虾餐饮店、国内各大城市150多家直营和加盟店提供高级厨师。

此外，潜江市国家现代农业产业园积极发展“互联网＋小龙虾”等新业态新模式，依托潜网电商、中国虾谷等建设潜江虾稻一体化产业链电子商务平台，通过开设培训班，提升了电商从业者的技术水平，拓宽了创业青年的就业渠道。这些举措为促进潜江市农村电商发展发挥了巨大作用，网上开店、在线销售成为农村商业新潮流，打造的中国小龙虾交易中心设有交易、检测、配送、电商等，采取线上线下双轨流通模式，已入驻商户152家，日均发货量300吨左右，已有从业人员1万多人，带动电商网民近10万人。

案例六　福建省安溪县现代农业产业园

一、建设背景

安溪地处福建省闽南金三角，是“中国乌龙茶（名茶）之乡”，名茶铁观音的发源地，全县茶园总面积60万亩，茶叶总产量6.8万吨，涉茶总产值115亿元。多年来，安溪茶产业取得了长足的发展，创下了县级茶园总面积、年茶叶总产量、涉茶总产值、茶叶从业人员、受益人口、农民从茶叶中获得的收入比例等多项全国第一，从过去的国家级贫困县发展成为全国经济百强县、福建经济十强县。经中国茶叶流通协会组织行业评定，安溪县连续六年位居全国产茶县第一位。

二、主要建设内容

为深入推进茶业供给侧结构性改革，加快培育农业农村发展新动能，2017年4月福建省安溪县人民政府印发《安溪县扶持国家现代茶业产业园建设的优惠措施》（安政综〔2017〕74号），指出：安溪县国家现代农业产业园创建区域面积1154.52平方千米，涵盖覆盖龙涓乡、虎邱镇、西坪镇、尚卿乡、芦田镇、官桥镇、龙门镇等7个茶叶主产乡镇、有42.83万农业人口、23.62万亩茶园，占全县茶园面积的40%，囊括茶叶种植、加工、销售、物流、研发、人才等全产业链区域，呈现出既

“长块头”又“壮筋骨”的良好建设局面。园区涉茶总产值超90亿元，占全县涉茶总产值的61.25%；茶叶种植和产品加工年产值56.18亿元，占园区总产值的62%。培训茶农9万人次，建设10～15个具有良好展示生态、旅游茶业之路的茶庄园，示范带动县内其他企业开展茶庄园建设，茶庄园突出生态观光、标准化生产、茶文化旅游等主题特色，发挥品牌优势，建立茶叶质量可追溯体系，构建以庄园建设带动产业发展的新模式。至2020年，园区投入资金18.2亿元，实施30个重点建设项目，致力打造“一心”“两轴”“多园”产业大格局。“一心”，即安溪铁观音发祥地，涵盖虎邱、西坪两个乡镇；“两轴”，即拓展东西轴线和南北轴线；“多园”，即探索“园中园”“特色园”等建设模式。科学合理的空间布局，促进茶产业向茶机械、茶包装、茶配套、茶创意、茶食品及深加工等领域延伸，大茶业格局初步形成，推动安溪茶产业由散点状的分布形态向区域产业极核中心发展，实现园区年产值120亿元，引领中国现代茶业发展。

安溪县现代农业产业园在创建中进行了深度规划，致力于打造铁观音产业大格局，花大力气促进茶产业向茶机械、茶包装、茶配套、茶创意、茶食品及精深加工等领域延伸，2018年涉茶总产值达106亿元，比2017年增长9.1%。

安溪县现代农业产业园以茶产业为主导产业，按照“规模生产＋加工增值＋科技集成＋品牌营销”要求，围绕做大做强主导产业，建设现代茶产业引领区。围绕打造高端平台，建设现代茶业技术与装备集成区。围绕推进一体化发展，建设一二三产业融合发展区。围绕构建利益联结机制，建设创业创新孵化区。围绕提升农业竞争力，建设现代农业示范核心区，推动安溪茶产业“二次腾飞”。

三、建设模式

茶业是安溪最大的传统特色支柱产业和最重要的民生产业。安溪县突出茶叶全产业链现代化建设提升，在茶园管理、茶叶生产、茶叶精深加工、特色茶庄园建设、卫生质量管控、茶业经营体制改革、金融支农等产业链各环节开展现代化提升建设，促进安溪县特色茶产业可持续发展机制的不断提高与完善，示范、引领全国茶产业发展。

四、案例借鉴

（一）八项优惠措施促进茶农增收、茶企增效

产业园内申报各级农业产业化龙头企业、农民专业合作社示范社给予优先推荐。加大对企业创标创牌的指导和服务，争取实现“一企一标”“一企一牌”。支持企业开展产品质量认证和品牌创建。对新获得中国驰名商标（国家市场监督管理总局认定）的企业，给予一次性奖励100万元；对新获得福建省著名商标或福建省名牌产品或福建省名牌农产品的企业，给予一次性奖励5万元；对新获得福建省质量奖、泉州市质量奖的企业，分别给予一次性奖励10万元、5万元；对新获得泉州市知名商标或良好农业规范（GAP）认证的企业，给予一次性奖励2万元。

（二）以科技促生产，保证茶叶质量

安溪在全省率先开展茶叶有机肥替代化肥、茶园节水灌溉等减量化

行动，茶园去化学农药化工程5000亩，示范推广声光电智能虫害防治技术5000亩。

（三）大力发展茶叶电商

产业园的绿色发展让安溪茶叶的品牌价值得到持续提升，园内7个乡镇中有2个乡镇、19个村入选淘宝镇、淘宝村，2018年茶叶电商交易额达32亿元。

（四）金融服务为茶产业助力

安溪在全省率先开展财政补贴型茶叶种植保险工作，由县财政出资对全县60万亩茶园进行统一投保。同时，设立全省首家茶业专业支行——农行安溪茶都支行，创新茶园抵押贷款、为茶产业链提供多功能的金融服务。

此外，2018年8月，1亿元中央财政国家现代农业产业园创建资金下达至安溪，当地及时出台《安溪县现代农业产业园中央财政奖补资金管理办法》，明确资金投向，科学管理资金。根据安排，奖补资金主要投向绿色发展、茶业信息化管理与服务、品牌宣传推广、一二三产业融合发展、创新创业支撑体系、新型农民利益联结机制试点等六个领域。绿色发展方面，重点支持茶山生态修复工程、茶园去化学农药化工程、县域农产品质量安全检验检测平台建设提升，探索建立茶叶产区分级机制等。茶业信息化管理与服务方面，重点支持安溪茶产业云平台、数字地标监管平台、县域农资监管和物流追踪平台、茶都交易市场一品一码标准化改造等。品牌宣传推广方面，重点支持安溪铁观音品牌宣传推广、开展安溪铁观音大师赛等活动。一二三产业融合发展方面，支持开展芦田茶叶特色小镇建设，重点打造以“国有老茶场，引领新传奇”为主题的云岭茶庄园。创新创业支撑体系方面，重点支持建设现代农业产业园协同创新中心、安溪茶叶气候品质认证与监测体系、县域茶山茶园收储与交易体系，推广茶叶种植保险，设立茶产业发展专项资金等。新型农民利益联结机制方面，将财政资金重点用于支持股权量化等新型农民利益联结机制试点工作，坚持“政府引导、市场运作、企业管理”的原则，充分发挥财政资金的扶持作用。

（五）创新农民利益联结机制

安溪县现代农业产业园通过“五联”（农资联购、产品联销、质量联控、植保联防、庄园联建）推动“五变”（茶园变庄园、农民变股民、就业变创业、创意变创收、劳动变活动），打造“五个共同体”（产销共同体、植保共同体、创业共同体、脱贫共同体、茶庄园共同体），让农民分享更多创建成果。2018 年，园内农民人均可支配收入达 22571 元，比全县农民人均可支配收入高出 38%，农民收入涨势喜人。

案例七　陕西省洛川县现代农业产业园

一、建设背景

洛川县是全国著名的“苹果之乡”，也是陕西省“一县一业”的典范。经过 70 多年的发展，洛川苹果种植面积达 50 万亩，全县 95% 的农民从事苹果生产，其 95% 的收入来自苹果产业，农民人均纯收入已连续 7 年超过万元。无论种植面积还是产量，洛川苹果都已触摸到了产业“天花板”。

以创建国家现代农业产业园为牵引，洛川县持续推进苹果产业“后整理”，全力推进全产业链开发，提质增效，破解产业发展瓶颈，实现产业增值、农民增收。

2017 年，农业部、财政部按照“一年有起色、两年见成效、四年成体系”的总体安排和“先创后认、边创边认、以创为主”的工作要求，启动并批准创建国家现代农业产业园。陕西省坚持“姓农、务农、为农、兴农”的建园宗旨，加强创建指导，加大政策支持，推进规模化种养基地建设，促进一二三产融合发展，将洛川县现代农业产业园建成了产业特色鲜明、要素高度集聚、设施装备先进、生产方式绿色、经济效益显著、示范带动有力的国家现代农业产业园。洛川县现代农业产业园成为引领农业农村现代化的排头兵、乡村产业兴旺的新样板。

二、主要建设内容

洛川县国家现代农业产业园总占地面积 13 平方千米，其中苹果种植面积 18.4 万亩。按照“一核一带四区”进行产业园总体布局，构建苹果标准化生产、配套产业加工和科技支撑等，包括苹果标准化生产示范、交易仓储、物流配送、产业加工、科技研发、金融服务等 10 大功能区。根据农业部批复，共实施 10 大工程 23 个重点项目，总投资 13.58 亿元，其中中央财政奖补资金 1 亿元，整合省市县项目资金 2.41 亿元，撬动企业等新型经营主体投资 10.17 亿元。中央财政奖补资金 1

亿元用于10大工程14个重点项目建设补助。

项目建设由洛川国家现代农业产业园建设领导小组负责，园区管委会、农业局、苹果产业管理局、畜牧局、水务局配合，各相关乡镇及部门单位具体实施。

三、案例借鉴

现代农业产业园对于推进洛川苹果产业转型升级、提高“洛川苹果”品牌影响力、持续增加群众收入具有重要意义。2018年，洛川县国家现代农业产业园综合产值达60亿元，培育新型经营主体841家。国家现代农业产业园的创建，为洛川苹果全产业链开发，走规模化、机械化、现代化之路，向生产、流通、贮藏、包装、销售各个环节要效益，实现一二三产业融合发展，搭建起了有效的平台。

（一）科技为现代农业产业园助力

产业园为苹果树挂上杀虫灯、黏虫板、诱虫带，树下安置水肥灌溉设备，果园四周安装上24小时全方位监控设备，果园实行手机指令化管理，让客户远距离即可体验监控。

（二）乡村旅游带动现代农业产业园发展

永乡镇阿寺村是洛川苹果的发源地，洛川县规划将其建设成“中国苹果第一村”。随着产业园建设不断推进，阿寺村发展乡村旅游，旺季时最多一天有近两万游客，村里步行街边的小店一天营业收入最高可达两万多元。

目前，“洛川苹果”的品牌估值已经达到72.88亿元，依靠国家现代农业产业园的示范带动，洛川县40万亩乔化果园管理水平实现整体提升，建成新型矮化果园3万亩，形成“果、草、畜、沼、水”五配套生态循环果业，苹果总贮存能力45万吨，4.0现代化智能选果线12条，依托苹果“后整理”工作提升产业的附加值。

案例八　浙江省慈溪市现代农业产业园

一、建设背景

慈溪市现代农业产业园自2017年6月获批创建以来，慈溪市委、市政府以深化供给侧结构性改革为主线，把产业园创建作为落实乡村振兴战略的重要抓手，聚集生产要素，走出了一条转型升级、绿色生态的现代农业高质量发展之路。

产业园区位优势明显，地处长三角区域中心、慈溪市北部沿海，毗邻杭州湾跨海大桥和规划的杭州湾跨海铁路，沈海高速和杭甬高速复线穿区而过，交通便捷。

通过创建国家现代农业产业园，预期每年将新增产值10亿元，带动1万人就业，带动农户人均增收5000元以上。

二、主要建设内容

慈溪市现代农业产业园位于浙江省慈溪市东北部沿海，东西长27千米，总面积15.5万亩，覆盖慈溪市现代农业开发区及周边5个镇，涉及农业人口 9.5 万人，是浙江省集中连片规模最大的现代农业综合区。

慈溪市现代农业产业园发展功能定位为“三化”，即全域产业化、全域生态化、全域景区化，产业园形成“一核两带四区块”的规划布局。“一核”指新慈湖农业新型业态核心区，成为产业园的创新中心、人才中心、服务中心、信息中心和休闲中心；“两带”指以中心横路为轴线，两侧集中布局优质粮食带和精品蔬果带；“四区块”即生态畜禽区、健康食品加工物流区、农业智能装备区、高新农业创建区。其中，生态畜禽区，点状布局蛋鸡、肉牛、奶牛、生猪等生态畜禽项目，推行规模化、标准化、生态化养殖模式，形成农牧结合的生态循环农业发展格局；健康食品加工物流区以产业园及周边主导产业为原料，建设加工物流基地，构建上下游一体的产业格局；农业智能装备区引进正大集团、中集集团、美国爱科集团三家世界 500 强企业，合作建设亚洲最大的农牧业机械制造基地；高新农业创业区搭建“创客”平台，引入科研团队，打造科研人员成果转化和大学生“双创”的孵化区。此外，产业园的片区功能清晰，形成了涵盖水稻种植、蔬菜种植、奶牛养殖、蛋鸡养殖、水产养殖等多领域的现代农业格局。

截至 2017 年 8 月，产业园累计投入 50 亿元，成为浙江集中连片规模最大的现代农业综合区。园区内“四横七纵”的道路框架初步形成，基础设施基本到位，土地规模经营率高达 87%。建成高效节水灌溉面积 5.5 万亩，高标准农田占比达到 77% 以上，形成 4 万亩的全省最大盐碱地水稻生产基地，5.5 万亩出口蔬菜基地，以及 3.6 万亩精品水果区。产业园初步形成农牧结合、稻鱼共生、立体种养等生态循环格局。园区内有“三品一标”农产品 56 个，实现无公害农产品全覆盖，“慈溪葡萄”

是国家地理标志农产品。2016年产业园农民人均可支配收入40850元，比周边农民高38%。辐射周边31万亩种植区域，带动农户增收超3亿元。

三、建设模式

慈溪市现代农业产业园内有龙头企业25家，家庭农场67家，通过发展股份合作、订单带动、量化入股等多种形式，建设水平比较领先的现代农业发展平台。

产业园坚持以工业化、标准化的理念抓农业生产。土地资源连片集中，主导规模化的优质粮食、精品水果、出口蔬菜等三大产业，并相应配套规模化畜禽养殖，形成了种养结合的生态循环格局。从前端的科技支撑，到加工业的布局，再到休闲观光、营销渠道的配套，一二三产业融合发展。同时设有管委会，进行统一管理。

四、案例借鉴

（一）强化科技支撑

慈溪市现代农业产业园已与浙江大学、上海交通大学等7家大学、科研院所建立了紧密型战略合作关系，建成博士后工作站1个、国家级企业技术中心1个。下一步，园区将按照“全域产业化、全域生态化、全域景区化”的目标，全力打造国内一流现代农业旅游综合区。

产业园通过引进先进设备、智能车间等现代化元素，提高产值和产品品质。例如正大蛋鸡养殖项目一期总投资2.26亿元，引入智能化车间，养殖规模达100万羽，是目前华东地区设备最先进、规模最大的蛋鸡养殖项目，日产鸡蛋70万枚，年产鸡蛋约2亿枚。该养殖项目产量高、人工少，真正实现了现代农业的“机器换人”。

（二）发展休闲创意农业

慈溪市现代农业产业园内新浦葡萄主题公园是休闲农业的典型代表，有50多个葡萄品种，集文化展示、为农服务、种植基地、游客接待等四大功能于一体，占地100亩，对外经营开放仅一年，就接待游客1.5万余人次。

案例九　广西壮族自治区来宾市现代农业产业园

一、建设背景

广西壮族自治区来宾市素有“中国糖都”之称，有三个“全国第一”：“双高”糖料蔗基地建设规模、水平全国第一，糖料蔗品质（蔗糖份和产糖率）全国第一，糖业循环经济及全产业链综合利用水平全国第一。

来宾市有蔗农30万户、140万人，占农业人口的66%，糖料蔗种植面积稳定在220万亩以上，原料蔗产量1200多万吨。在制糖方面，全市现有糖厂14家，产业工人3万余人，2016—2017年榨季总日榨生产能力约11万吨，年产糖100多万吨以上，制糖工业及循环经济总产值突破100亿元，位居全国领先水平。来宾市也是广西重要的特色农业优势生产基地，在做大做强蔗糖全产业链的同时，大力发展晚熟柑橘、生态畜牧、饲料加工、生物有机肥等高附加值新型特色产业，并形成了“以糖为主、以特为辅、生态循环、产业融合、绿色发展”的发展格局。

二、主要建设内容

来宾市现代农业产业园以甘蔗、晚熟柑橘为主导产业，依托蔗稍等丰富青储饲料资源，发展生态畜牧业，形成蔗、果、畜等三大产业。产业园甘蔗种植面积20万亩，已建成“双高”糖料蔗基地10万亩；建成中晚熟、高品质柑橘标准化种植基地34.5万亩。产业园呈“一轴两园三区”总体布局：“一轴”指产业融合发展轴，“两园”指现代农业科技园、现代农业“双创”园，“三区”指加工物流集聚区、糖料蔗“双高”基地示范区、晚熟柑橘生产示范区。

自2017年9月获农业农村部、财政部等部门批准创建国家级现代农业产业园以来，产业园围绕乡村产业兴旺引领区、建设现代发展装备集成区、一二三产业融合发展区、新型主体创业孵化区、高质量发展示范区等“五区”建设任务，大力推进创建工作，切实落实创建措施，建立“指挥部+管委会+农投公司集团”的“三位一体”共同参与建设的管理模式机制，引进正大集团百万头生猪全产业链项目、光大牧业百万只肉羊全产业链扶贫产业项目等16个重大农业产业项目，总投资达100多亿元；建成国内一流规模化“双高”糖料蔗种植基地，甘蔗健康种苗一、二、三级良繁基地，晚熟柑橘规模化生产基地，现代化技术与装备集成基地，加工与物流集散基地，农旅融合功能拓展基地，农村创业创新孵化基地和蔗果畜加生态大循环基地等八大示范基地；建成全国最大最完整甘蔗、柑橘全产业链，形成跨界绿色畜牧养殖生态链，打造科技团队整体引进和科技推广体系创新链，构建“二次联动价分红”富农利益链等四大发展链条，全产业链打造和绿色生态循环发展等方面走在全区乃至全国前列。

当前，产业园年总产值超过62亿元，主导产业覆盖率达到92.4%，白砂糖占全国食糖总产量12.5%，适度规模经营率达到69%，农产品初加工转化率达到81.1%，农产品加工业产值与农业总产值比重达到3.09∶1，与5家省级科研教育单位设立合作平台，科研经费投入同比增长11%，农业科技贡献率85.12%，科技成果转化率达到60%，农产品抽检合格率100%，绿色、有机、地理标志农产品认证比例达到82%，农民人均可支配收入达1.645万元。

三、建设模式

来宾市现代农业产业园采取“产业园＋公司＋合作社＋基地＋农户”的模式，重点发展甘蔗产业，大力发展蔬菜产业，加快发展畜牧产业，创新发展花苗产业，有序发展特果产业，同时积极培育发展现代种业、健康食品加工业、休闲农业与金融服务业、农业设施装备及智能农机研发制造等新兴产业，用5年时间，打造3～5个技术领先、业态高端、模式先进、链条完整、循环高效、功能复合的亿级新兴农业产业集群。

四、案例借鉴

来宾市现代农业产业园以改革创新为动力，实行“政府引导、市场运作、业主开发、产业化经营、中介参与、科技支撑、农民受益”的运行机制。

（一）引进一批现代企业

产业园引进中粮集团、海升集团、成都顺点科技、青岛浩丰食品等企业，共同打造现代农业科技、智慧农业、冷链物流、科研项目、电子商务等一批大项目。例如中粮集团以现代农业产业园为平台，投资打造一个现代农业“全产业链”合作项目：以糖业为切入点，改扩建当地糖厂，参与对来宾糖业的二次重组；在饲料、乳业、茶叶、粮油、酒业等多个领域布局，并建设相应的生产基地，开展农产品加工业务。

（二）金融支持现代农业产业园

设立来宾市金凤凰现代农业产业园发展基金，支持产业园企业和业主发展生态及高新技术和科技成果的产业化工作。资金的主要来源为产业园骨干企业投入、社会捐赠资金及国家优惠政策返还的资金和费用。

案例十　黑龙江省宁安市现代农业产业园

一、建设背景

黑龙江省宁安市素有“塞北江南”“鱼米之乡”之称，出产优质米、蔬菜、烤烟、商品粮、淡水鱼、水果，是蚕业、蜂业基地县（市），以及对俄果蔬出口基地和北菜南销基地，被誉为“远东菜篮子”和“东北菜园子”。

二、主要建设内容

宁安市国家现代农业产业园占地面积15万亩，主导产品是瓜菜。近年来，通过政府主导、企业主体、建管分离、多元投入等多措并举，形成了“一心一区一基地”（即综合服务中心、仓储加工物流聚集区和多功能大基地）的产业园空间布局。

宁安市现代农业产业园以水稻核心区“响水大米”为依托，培育当家品种，打造三个优势品牌；积极扩张畜禽产业，打造黑猪、黑牛“两黑”品牌，实现玉米过腹增值和循环农业发展；充分发挥宁安钻心湖渔场、渤海冷水鱼试验站独特的冷水资源，发展虹鳟、金鳟等养殖渔业，扩大规模，延长产业链，打造钻心湖冷水鱼公园。利用丰富的林业资源，发展中草药和林下经济，重点发展山产品的种植、采集和加工，加大销售力度，形成产加销全产业链体系。

目前产业园内瓜菜种植面积15万亩，初加工转化率达到80%以上，2018年对俄罗斯、日本、朝鲜出口蔬菜10万吨，产业园实现总产值49亿元。产业园内亩均收益是全市平均水平的3倍，带动全市瓜菜面积新增20万亩，打造的新农业、新农村美景让人目不暇接。产业园的创建也让农民实实在在受益。目前，园内有各类新型农业经营主体112家，70%以上农户加入合作社联合经营，2018年产业园人均可支配收入达到2.7万元，比园外农民高58%。

三、案例借鉴

（一）龙头企业带动基地实现互利双赢

建设现代农业产业园，要立足优势特色产业，以提高农业质量效益和竞争力为中心任务，以培育壮大新型农业经营主体、推进一二三产业融合为重点，聚力建设以规模化种养基地为依托、产业化龙头企业带动、现代生产要素聚集的现代农业产业集群，促进农业生产、加工、物流、研发、示范、服务等相互融合和全产业链开发。

（二）科研引领，推进资源要素聚集

宁安市成立了黑龙江省农业产业技术协同创新体系牡丹江蔬菜试验站，实现横向连接院校专家，纵向直通瓜农菜田。目前，产业园建有试验示范基地 300 亩、品种繁育基地 100 亩、示范园区 22 个，农业科技进步贡献率达 67%。

案例十一　河南省正阳县现代农业产业园

一、建设背景

近几年，河南省正阳县委、县政府按照中央和省、市关于“三农”工作的决策部署，以党建工作为引领，在稳定粮食生产的前提下，按照省委、省政府农业“四优四化”的要求，以做大做强花生产业作为调整农业结构的主攻方向，积极推动农业供给侧结构性改革，促进了

农业结构优化调整和一二三产业的融合发展，推动了全县经济社会的转型升级和提质增效。正阳县围绕“小花生、大产业”的目标，努力做好花生产业这篇大文章，通过政府引导、项目支持、技术指导、产业拉动等措施，积极扩大花生种植面积，使全县花生常年保持在170万亩左右，单产达到300公斤，总产量超50万吨，系全国小果型花生生产规模最大、最集中的产区。国家统计局先后授予正阳县“全国花生种植第一大县”“全国油料生产百强冠军县”“全国花生生产第一大县”等荣誉称号。花生已然成为正阳县域经济建设中的一大支柱产业。正阳花生连续两届被评为“河南省名牌农产品”，国家质检总局批准其为国家地理标志保护产品。

河南省正阳县坚持以乡村振兴战略为引领，以创建国家现代农业产业园为载体，积极创品牌、推进改革，走一二三产业融合发展、良性互动的路子。该县常年花生种植面积172万亩，已连续十多年成为全国花生种植第一大县。依托花生种植的规模优势，正阳县先后引进了一批国内知名精深加工企业，带动花生机械产业园、正阳渤海花生交易中心、花生天地等一批制造业、服务业项目落户。目前全国2000多家花生企业报价均来自正阳，正阳县已成为中国花生的价格中心和交易中心。

纳入国家现代农业产业园创建体系后，正阳锁定“一年有起色、两年见成效、四年成体系”的创建目标，分步推进。这些目标对于正阳花生产业的大发展，无疑是一个千载难逢的大好机遇。

二、主要建设内容

正阳县现代农业产业园是全国唯一以花生产业为主的首批国家现代

农业产业园。产业园圈定 6 个乡镇（街道办事处）的 23 个村，包括县农场及产业集聚区内的农产品加工、商贸流通区域为园区，总面积 150 平方千米，其中耕地面积 17 万亩，总人口 6 万人。产业园区内共有新型农业经营主体 282 家，其中包括加工企业 23 家，家庭农场 130 家，农民合作社 112 家，种植大户 17 家，产业工人达到 1.5 万人。2018 年，产业园产值 34 亿元，园内人均纯收入 1.6 万元，比全县人均收入高出 38%。

正阳县按照“一核、两翼、四基地、六中心”创建规划，围绕花生“吃干榨净”，积极创品牌、推改革，延伸产业链、提高价值链，实现一二三产业融合发展，推动乡村产业振兴，带动县域经济高质量发展。“四基地”即花生标准化生产基地、花生食品精深加工基地、农村一二三产业融合发展基地、花生全程机械化示范基地；“六个中心”即良种繁育中心、花生制品加工中心、检验检测中心、研发与双创孵化中心、电商物流中心、花生文化展览中心。

在基础设施建设方面，结合高标准粮田建设、土地整理、农村人居环境改善、脱贫攻坚等项目，集中打造 2 ～ 3 个高标准花生种植基地，形成田成块、路相通、渠相连、林成网的格局，达到旱能浇、涝能排的效果。

三、案例借鉴

（一）组织保障

为推进正阳县现代农业产业园建设，正阳县组建了高规格的领导小组，成立了正阳现代农业产业园管委会（正阳花生产业办公室），管委会作为县政府管理的常设事业单位，具体负责产业园创建的日常事务，管委会主任由一名县处级领导兼任，同时启动建设好花生公园、花生博物馆。

在创建过程中，正阳以花生产业为支柱性产业，把姓农、务农、为农和兴农作为根本宗旨，按照上规模、高标准的要求，坚持政府主导、企业主体、农民参与，突出产业融合和企业聚合来推进全产业链发展，科学规划并坚持一张蓝图绘到底。

（二）科技保障

建立花生检测中心，严密监测农药残留、重金属含量、黄曲霉毒素污染等质量指标，确保质量安全。与中国工程院院士、河南省农科院院长、花生专家张新友团队等合作，成立院士工作站。在组建河南省花生产业技术体系正阳县综合试验站的基础上，申报加入国家花生产业技术体系。

（三）加快土地流转，提升规模化经营水平

产业园建好土地流转平台，加快流转步伐，将园区内 60% 以上的土地进行有序流转，实现规模化经营。制定出台新型经营主体优惠政策，培育 3 ～ 5 家高标准新型农业经营主体，助推现代农业产业园新主体、新业态、新模式蓬勃发展。积极鼓励农业龙头企业、农民专业合作社开展标准化生产、品牌化创建，形成市场竞争力。

（四）培育加工企业，汇聚加工业龙头集群

产业园依托花生原料资源，大力发展花生食品产业，以花生休闲食品、花生油脂、花生饮料、花生保健食品为主攻方向，引进、培育若干家龙头企业。

（五）发展第三产业，促进一二三产业深度融合

产业园注重花生文化与正阳文化相融互动，在园区建设方面增添花生文化元素，建设花生主题公园和花生博物馆，发展田园游、休闲游。推行“互联网 + 花生”模式，办好每年一届的“互联网 + 花生”产业高峰论坛。

案例十二　江西省信丰县现代农业产业园

一、建设背景

江西省信丰县是著名的“中国脐橙之乡”，赣南脐橙的发源地，先后荣获“中国脐橙之乡”“脐橙出口基地县”“脐橙原产地保护标识”“全国唯一脐橙标准化示范区”等称号。

二、主要建设内容

江西省信丰县现代农业产业园总面积 606 平方千米，覆盖该县 6 个乡镇，年产值达 47 亿元。产业园整体空间布局为“一心两带三区五园”：

“一心”为核心区中国赣南脐橙产业园；“两带”为沿105国道的脐橙产业示范带和沿317省道脐橙产业示范带；“三区”为大塘埠长岗万亩脐橙技术集成与农业科技应用先行示范区、赣南（信丰）脐橙产业基地三产融合发展示范区、龙舌－古陂片5万亩脐橙产业绿色安全示范区；“五园”为现代脐橙产业融合示范园、前山－老屋场和红金橙合作社标准示范园山地脐橙特色“农旅”结合示范园、农友合作社和丰盛农场的标准化脐橙生态示范园等。

产业园主导产业脐橙种植面积15.64万亩，其中核心区中国赣南脐橙产业园总投资2.2亿元，共建成5万亩连片果园1个、万亩脐橙连片果园3个、千亩脐橙种植基地61个。通过高标准规划建设、精准测土施肥、节水灌溉等，实现果园规范化管理。依托柑橘无病毒良种苗木繁育场建设，从源头上防控柑橘黄龙病，确保脐橙产业健康发展。依托果园全程机械化基地建设，推广果园生产管理机械化、物联信息化技术，把先进的科学技术和成熟的经验转化成生产力，从而达到高产、优质、高效的目的。

三、案例借鉴

（一）发展现代科技

产业园打造农业物联网云平台、农产品质量安全监管追溯平台、农产品电商平台等三大平台，严格把控生产、质量、销售三大环节，着力做大做优做强果蔬品牌。

在脐橙种植果园里大面积推广使用太阳能杀虫灯、黄板诱虫、喷滴灌溉、疏花疏果等技术，扶持脐橙协会和果业合作社发展壮大。

（二）产业化经营模式

信丰县坚持把脐橙产业当作精准扶贫的“黄金产业”和农民脱贫致富的“钱袋产业”来抓，出台了从种苗供应、技术培训到加工销售、产品追溯全产业链扶持政策，建立起“政府 + 金融 + 保险 + 贫困户”四位一体的精准扶贫模式，采用“统一品种、统一技术、统一管理、统一品牌、统一销售”的“五统一”方式，通过“龙头企业 + 示范园 + 贫困户”“合作社（农场）+ 基地 + 贫困户”“电商 + 基地 + 贫困户”的产业化经营模式，结成产业利益共同体，辐射带动贫困户参与脐橙产业发展。同时，该县采取入股、租赁、转让、调换等多种形式，加快山地经营权流转，既让贫困户以土地入股等形式参与脐橙开发，又破解脐橙产业发展用地难题。目前，该县脐橙种植面积达 24 万亩，有果业合作社 126 家，6.5 万贫困人口依靠脐橙产业走向了脱贫致富路。

（三）一二三产业融合

产业园依托脐橙标准生态果园、脐橙产业基地、脐橙专业市场、冷链贮藏物流、市场信息监控、电子结算、网上交易、食品和产业安全、生态旅游和脐橙文化等项目建设，以及农村自然生态人文资源、美丽乡村建设成果，促进一二三产业融合发展。

（四）发展加工业

产业园积极对接跟进一批科技含量高、辐射带动能力强的大企业、大项目，引进一批“增链、强链、补链”的脐橙产业链配套企业。

产业园以农夫山泉、绿萌农业科技为龙头，构建生产鲜橙汁、脐橙糕、果醋、酸橙糕及脐橙酵素、护肤产品等深加工系列产品的产业加工体系，并依托信明电商产业园里50名家电商平台销往全国各地。

（五）发展电商

产业园大力整合本地“农村e邮”、淘宝网、顺丰快递等资源，按照“网商+服务站+贫困户”模式，引导贫困户与电商线上线下合作，让贫困户进入电商及快递利益链。

案例十三　黑龙江省庆安县现代农业产业园

一、建设背景

黑龙江省庆安县位于黑龙江省中部，松嫩平原与小兴安岭交汇地带，三山环绕，七河开源，土壤肥沃，属寒地黑土核心区，生态环境优良，拥有水稻种植百年历史。目前，全县155万亩水稻全部达到绿色、有机标准，是国家级生态示范区、全国粮食生产先进县，享有“中国绿色食品之乡”的美誉。

黑龙江省庆安县因稻而名、因稻而兴。庆安县在30万亩水稻生产基地中建设高标准农田达到67%，水稻良种覆盖率、大棚育秧率、智能浸种催芽率均达到100%，耕种收综合机械化率达到92%。产业园内有农民专业合作社103个，规模化经营土地面积占产业园总面积的73.3%。

2016年庆安县水稻种植加工产值29.1亿元，占产业园总产值的72.2%；第二、第三产业产值占产业园总产值的79.9%。

二、主要建设内容

庆安县编制了“以推进农业供给侧结构性改革为主线，以提高稻米产业核心竞争力为目标，进一步优化布局、集聚要素、集成科技、绿色发展，建有机水稻基地，拓产业开发链条，展品牌价值空间，促农民增收致富，实现产业体系强、生产体系优、经营体系活，走出农民增收、农业提效、产业振兴的融合发展之路，打造全国粮食主产区农业现代化的庆安样本”的园区发展规划。

庆安县现代农业产业园依据县“十三五”规划，确定5个水稻主产乡镇40万亩土地为创建范围，涵盖农业人口6.3万人。产业园着力构建“一心引领、一带一基地支撑、四板块联动”的功能布局。“一心”即全县现代稻米产业发展的集聚区，包括生产、加工、物流、研发、服务等功能；“一带”即呼兰河湿地走廊观光带；“一基地”即5个乡镇30万亩有机稻种植基地；“四板块”即创新创业板块、技术集成板块、农旅融合板块、循环利用板块。

庆安县现代农业产业园智慧农业项目覆盖水稻产区50000亩，其中重点打造3200亩，建设内容包括：田间物联网智慧农业系统、智能排灌系统、生产加工追溯系统、大数据中心等。

三、建设模式

庆安县现代农业产业园通过“龙头企业+合作社+农户”、带地入股、订单农业等三种模式，立足于绿色食品、发力于有机食品、着眼于功能食品，实施保底分红、品质分红、效益分红、入股分红，让农民在提升种植业收益的同时，直接获得第二、第三产业收益。

四、案例借鉴

庆安县现代农业产业园率先实现园区优质水稻平均价格突破3元，普通大米突破10元，有机高端大米突破100元。2016年，产业园农民人均收入1.89万元，高出全县平均水平的40.9%。

（一）政策和金融支持

庆安县政府出台土地、金融、保险、科技、人才、品牌等14项扶持政策，财政每年安排预算资金1亿元，升级完善园内基础设施，支持龙头企业发展。整合各类资金5.5亿元，集中向产业园倾斜。注资5000万元成立农担公司，出资2000万元成立农投公司。通过PPP、政府购买服务、贷款贴息等方式，年融资10亿元以上。企业每创建一个驰名商标，县财政奖励120万元。财政每年还安排2000万元，用于做强区域公用品牌。

（二）延伸产业链条

庆安县现代农业产业园依托资源优势，引进壮大产业规模和延伸产业链条的优质项目，鼓励企业向高附加值、功能性食品开发和一二三产业有机融合。目前，庆安县正在组建米企联盟，打造稻米加工超级航母。综合利用稻草、稻壳、米糠，“吃干榨净”，延伸产业链。加快稻米功能食品开发，拓展保健功能，提升产业链价值。

（三）加强科技投入

庆安目前建有院士工作站、博士工作站各 1 个，农业创新创业平台 9 个；航天食品研发基地、袁隆平稻作研究中心落户庆安，自主研发的龙庆稻系列品种，年推广 500 万亩；开发出 GABA 米、富硒米等功能食品及可降解地膜纸等专利产品。

案例十四　云南省普洱市思茅区现代农业产业园

一、建设背景

思茅区茶叶种植面积 17.07 万亩，辖区内茶叶生产企业 189 家，茶叶初制所 93 家，通过 SC 认证企业 82 家，茶叶品牌 65 个，种茶农户 2.6 万户，茶农 7.5 万人，茶产业已成为全区加速经济社会发展和脱贫攻坚步伐的重要支柱。

云南省普洱市思茅区国家现代农业产业园是全省第一家、国家第二批创建单位。在 2017 年公布的国家第二批创建名单中，普洱市思茅区现代农业产业园是云南省唯一入选的产业园区。入选创建单位以来，省、市、区三级政府高度重视茶叶产业，紧紧围绕“绿色、有机、现代、品牌”等要素，打造“生产 + 加工 + 科技”茶业产业园区，制定出一系列促进茶叶产业发展的政策措施：重点完成智慧茶山物联网及溯源平台建设，茶叶初制所清洁化标准化改造，构建“普洱思茅有机茶产业联盟”，实现普洱思茅有机茶品牌统一、标识统一、标准统一，打造“普洱思茅有机茶”公共品牌等。

二、主要建设内容

云南省普洱市思茅区现代农业产业园涉及思茅区思茅镇、南屏镇和倚象镇，包括普洱市九县一区和十个行政村，总面积 736.87 平方千米，占思茅区总面积的 18.76%，建设的目标是把产业园建设成为现代化水平高、综合效益好、辐射能力强的中国普洱茶产业核心区，形成全国普洱茶产业的次中心宜居地，即生产加工中心、科技研发中心、创新创业中心、交易流通中心、休闲农业与乡村旅游基地。形成茶叶种植基地规模化、生产加工园区化、市场营销品牌化、科技示范引领、茶旅互动融合的发展新格局，实现“茶区变景区、茶园变公园、茶山变金山”目标，不断提升茶产业附加值，打造产加销一体、文康旅结合的产业发展新动能。

产业园主导产业为茶叶，茶园面积 12.02 万亩。在产业园建设过程中，思茅区按有机化、科技化、景观化的要求，依托茶园有机肥替代化肥等项目，开展农药化肥“零增长”行动，绿色防控技术推广面积达 29 万亩，并加大生态茶园、生态咖啡园改造。目前建成无公害、绿色、有机茶园 12 万亩，其中有机茶园认证与转换面积 3.9 万亩；按照“茶 + 有机肥 + 配方肥”“茶 + 有机肥”“茶 + 自然生草 + 绿肥”等 3 个模式，推广 1.7 万亩有机肥替代化肥示范项目，实现化肥减量 17.8%，园内 75% 的茶园达到国家标准园水平。

三、建设模式

云南省普洱市思茅区现代农业产业园以发展有机茶为突破口，积极推广“公司＋村委会＋合作社＋农户”“农民入股＋保底分红”等利益联结机制，确保农民参与产业园建设并分享建设成果。2018 年实现 654 户建档立卡户利益联结全覆盖，园内农民人均可支配收入达到 14750 元，比当地平均水平高出 30%。

产业园采取“基地＋加工＋品牌＋文旅”建设模式，融合发展一二三产业，建成茶叶庄园 8 个，建成 4A 级、3A 级茶旅融合国家级景区 2 个，申报 4A 级国家级景区 1 个，带动游客量 200 余万人次。目前，园区内有注册商标 65 个，中国驰名商标 2 个、云南省著名商标 5 个，荣获云南省 2018 年“十大名茶”品牌 3 个，建成茶叶交易市场 2 个、茶仓储物流区 1 个。

四、案例借鉴

（一）政府为主导，企业为主体，市场化运作

为推进现代农业（茶叶）产业园项目建设，思茅区政府组织成立了思茅区现代农业（茶叶）产业园区管理委员会。同时，产业园采取使用无偿投资，政府购买服务的模式，以及使用有偿投资，融资平台经营的模式来运营，达到提升科技支撑能力、普洱茶生产加工能力、品牌营销能力以及提升组织化能力的目的，最终实现利益共享机制取得突破、生产经营取得突破、质量安全取得突破、品牌营销方式取得突破、壮大集体经济取得突破等“五大突破”。

（二）吸纳整合各类资金

思茅区政府牵头成立产业园投资开发公司，将各级政府资金（其中产业园创建国家财政资金 1 亿元）投进融资平台，公司通过融资担保和投资经营性设施，支持园区企业、合作社和农户共同发展。产业园区在创建中用好三项资金，最大限度发挥好财政资金的激励撬动作用，发挥好产业园投资开发公司融资服务作用，采取合作、合资等形式，吸纳整合各方面的社会资金，做大资金池。

（三）培训产业园创建队伍

为培养新型组织队伍，让参训者成为国家现代农业产业园建设、农业经营生产的组织力量。2018 年 7 月，由普洱市思茅区茶叶和生物特色产业局主办、滇西应用技术大学普洱茶学院承办的普洱市思茅区国家现代农业产业园项目——新型职业茶农培育工程培训班开班。报名参加此次培训的人员主要是来自思茅区各茶企的管理和技术人员、政府领导、大学专家教授。此次投入经费 50 万元，开展四期普洱茶生产技能、创业经营技能等内容的培训，并由云南大学、云南农业大学、滇西应用技术大学等高校专家和部分企业董事长给学员授课，知识点多、理论指导性强。

（四）走绿色化发展的路子

产业园走绿色化发展路子，基地实现生态茶园建设全覆盖，大力发展有机茶，有机茶园面积达 2.94 万亩。2018 年产业园主导产业综合产值达61亿元，占产业园总产值的60%以上。引进培育新型经营主体468家，吸纳就业1万人，就业人员年平均收入达3.8万元。

案例十五　江苏省泗阳县现代农业产业园

一、建设背景

江苏泗阳是全国食用菌产业化发展示范县。2010年1月，泗阳准备筹建江苏泗阳现代农业产业园区。2010年5月，江苏省泗阳现代农业产业园区正式成立。2012年3月，产业园荣获泗阳县委、县政府颁发的“2011年度现代农业工作先进单位”；2012年2月，荣获宿迁市农委授予的“2011年度农业现代园区建设工作先进单位”称号；2012年10月，荣获全国休闲农业创意精品推介活动组委会颁发的“全国休闲农业创意精品推介活动产品创意优秀奖”。2012年11月，江苏泗阳现代农业产业园区正式成立泗阳县“菌事联盟”，并于当月荣获江苏省食用菌协会授予的“江苏省食用菌标准化建设示范区”称号。

江苏省泗阳县现代农业产业园坐落在大运河以南、成子湖畔、徐宿淮盐高速公路泗阳出口处。产业园区按照功能完善、政策优惠、设施配套、环境优美、管理高效、服务优质的要求，以农业项目为载体，应用现代农业发展新理念，推广研发新品种、新技术，全力打造台资农业资本集聚高地、台湾农业技术集成高地和台湾农业模式创新高地。

二、主要建设内容

江苏省泗阳县现代农业产业园规划面积 12.8 万亩，涉及 11 个村居、7.8 万人口。其中核心区以 245 省道为中轴，面积为 2.3 万亩，是省级现代农业产业园区和“苏台”农业合作创业园区。

产业园着力构建以设施蔬菜（食用菌）为主、以特色水产（成子湖青虾）和精品桃果为副的“一主两副”产业格局。

产业园围绕“江苏一流、全国有名”的目标定位，科学布点生产、研发、示范、服务等功能板块，着力打造“234”空间布局：“2”即构建成子湖岸线和盐徐高速沿线两个生态景观长廊；“3”即培育设施蔬菜（食用菌）、特色水产、精品桃果三个产业集群；“4”即改造提升综合服务中心、设施蔬菜科技研发中心、特色水产研发中心和加工物流中心。

在产业园创建中，泗阳坚持把主导产业布局与县域农业资源禀赋、生态环境紧密结合起来，建成以工厂化食用菌为主导产业的集加工、科技、循环于一体的现代农业先行区。

产业园区基础配套设施与公共服务平台建设成果显著，已建成春分路等园区主次干道 35 千米、防渗渠道 25 千米，“同杆四回”的电力主线已实现全覆盖，占地 3000 平方米的园区综合服务中心已成为园区农产品检测、农民培训、信息交流的优质平台。

三、建设模式

产业园区立足“集约化、标准化、科技化、设施化”的建设主题，围绕“生态、高效、特色、现代”的发展定位，重点打造工厂化食用菌、设施园艺、休闲观光等主导特色产业，通过聚龙头、扩基地、兴产业，园区共入驻蔬菜、桃果、水产等农业龙头企业23家，培育国家高新技术企业3家，建成国家级、省级工程技术研究中心6个，建成省级园艺标准园13个。园区现已集聚19家工厂化食用菌生产及关联企业，生产金针菇、杏鲍菇、秀珍菇、草菇等10多种菌品，日产量850吨左右，年产能达30万吨。

四、案例借鉴

（一）组织机构健全，运行机制合理

江苏省泗阳县现代农业产业园组织机构健全，运行机制合理，经泗阳县政府批准成立了园区党工委和管委会，内设“一办四部一局”，即办公室、规划建设部、帮办服务部、农业科技部、计划财务部、招商局。园区共核定编制10人，并经县委组织部采用高薪竞聘1人、选调6人和选聘2人的方式将9名优秀人员充实到各个岗位。此外，产业园聘请江苏省农科院作为技术依托单位，从事“三新”推广、技术攻关与农民培训工作，为园区建设和企业发展提供全方位服务。

（二）大力发展食品加工业

产业园通过引进“中字头”、“国字号”食品加工企业，建设苏北地区最具竞争力和最具影响力的食品工业园，逐步实现园区内农产品向高附加值、精深加工和先进技术支撑转变，同时加大科研投入，加速科技成果转化，走规模化、系列化、高档化、多样化新产品开发道路，提高农产品的市场占有率。

产业园已涵盖分拣、预冷、包装等初加工环节及食用菌罐头、油干、冻干等深加工环节，农产品初加工转化率超过 80%。

（三）科技创新

科学技术是第一生产力，产业园不断集聚技术、装备、人才等先进生产要素，着力搭建科技创新、双创孵化、综合服务等公共功能平台，培育国家高新技术企业，建成国家级工程技术研究中心和省级院士工作站，企业的科创能力显著增强。2018 年，园区主导产业产值近 35 亿元，总产值达 42.8 亿元，高科技产业集群效应逐步显现。

（四）构建利益联结机制

近年来，产业园积极探索富民强村利益联结机制，在带动当地农民就业、实现低收入农户脱贫方面显现出强劲的辐射力。通过优化拓展就业、创业、股权、服务、金融、保险、科技和扶贫等八种利益联结机制，吸纳 31% 以上农户加入农民合作社或进企业、进基地务工，月均工资超过 3000 元，辐射带动 1.4 万户农户增收致富。就业联结方面，在园区设立劳动力资源服务中心，在村居组建劳务合作社，引导 1300 多名劳动力实现就业；创业联结方面，在建 20 万平方米创业创新孵化中心，并提供优质服务，让创业创新者“拎包入驻”；服务联结方面，引导村居成立劳务、农机等合作组织 11 个，搭建桃果机械化服务平台，促进农户降本增效。

产业园探索出了“保底 +”务工收入、“股份 +”收益分红、“互联网 +”创业致富等三种农民分享园区发展“红利”的新模式。“保底 +”

务工收入模式，土地流转实现保底900元/亩收入，同时园区企业优先使用当地农民务工，已吸纳3000多名当地农村劳动力入企工作，人均年收入近4万元；“股份+”收益分红模式，将土地、劳力、“三资”折成股份，形成“股份+桃果”“股份+农机”“股份+优质资产”等利益共同体；“互联网+”创业致富模式，以“一村一品一店”示范村建设为抓手，吸引1500余名返乡农民工、大学生村官等开展创业增收。2017年，园区农村居民人均可支配收入超过2万元，比全县平均水平高出30%以上。

（五）循环发展模式

产业园积极探索循环发展模式，在产业集群、产业上下游链条之间初步形成“农作物秸秆、果蔬剩余物→食用菌生产基质→鲜食食用菌、功能食用菌→食用菌菌渣→有机肥、生物饲料→果蔬、水产种养基地”的产业链大循环、流水鱼养殖链自循环等十多种循环发展模式。同时形成以工厂化食用菌为内核的循环发展、秸秆“五化”利用、农药化肥减量化等模式。

案例十六　湖南省靖州县现代农业产业园

一、建设背景

湖南省靖州地处湘黔桂3省区交界处，是“中国杨梅之乡”“中国茯苓之乡”。靖州县紧紧依托茯苓、杨梅等特色资源，按照“四化两型”

的要求，以“创新、协调、绿色、开放、共享”五大发展理念为引领，大力发展以特色资源为基础、特色产业为支柱、骨干企业为主体、市场为依托的特色经济，形成了“产、供、销、贸、工、农”一体的特色产业体系，先后获得了国家现代农业示范区、省特色县域经济农副产品加工（杨梅、茯苓、山核桃）重点县、省一二三产业融合发展（杨梅）试点县、省级重点现代农业综合园、省第一批产镇融合——杨梅小镇等发展平台，初步形成了以杨梅、茯苓产业为主导的现代农业产业园区。2016 年实现园区总产值 85.8 亿元，以杨梅、茯苓为主的主导产业总产值达 65.52 亿元，占园区总产值的 76.36%。建设现代农业产业园是靖州落实中央推进农业供给侧结构性改革、加快农业现代化的重大举措。

靖州县现代农业产业园成立于 2014 年 6 月，地处靖州县中心，面积 1.3 万公顷，以杨梅、茯苓为主导产业。2016 年园区共入驻企业 21 家，其中国家级龙头企业 1 家、省级龙头企业 5 家、市级龙头企业 10 家；有农民专业合作组织 69 家、种养大户 668 户、家庭农场 157 家，基本上形成了集产加销、科工贸于一体的新型产业业态。

二、主要建设内容

湖南省靖州县现代农业产业园主要包括木洞杨梅产业园、茯苓科技产业园、飞山现代农业产业园，涉及 4 个乡镇 16 个村，总面积达 19.66 万亩，其中杨梅基地 6.7 万亩、茯苓基地 4.1 万亩。2018 年，园区带动 4.3 万农民增收，其中 1.2 万贫困人口有望脱贫。

产业园突出体现规模种植、加工转化、品牌营销和技术创新的发展内涵，突出技术集成、产业融合、创业平台、核心辐射等主体功能，加快靖州杨梅、茯苓主导产业转型升级。聚焦主导产业、构建产业集群、集聚现代要素、遵循绿色发展、带动农民增收，逐步将产业园打造成为集标准化、规模化种植生产，产品加工、研发、检测、物流、商贸、交易、旅游等于一体的知名园区。

三、案例借鉴

（一）产业园创建在“特”字上下功夫，让产业迈向“大强优”

产业园立足资源禀赋，积极探索“种养基地 + 加工园区 + 科研中心 + 现代物流 + 文化旅游”的“五位一体”现代农业发展新模式，通过提品质、办节会、增渠道、深加工，靖州产业园让杨梅产销两旺。与此同时，中国茯苓科技产业园拔地而起，全国最大的茯苓加工贸易中心、科研推广中心等 15 个重点项目有序推进，茯苓价值链有效延长，价格也随之水涨船高。

近 3 年，产业园累计投资 6.48 亿元，开工建设面积 3000 亩，杨梅、茯苓产业年产值分别达到了 10.5 亿元、9.3 亿元，农业产业从“小、散、弱”一步步迈向“大、强、优”。

（二）特色产业和民族风情旅游有机结合

产业园在“融”字上做文章，将特色产业和民族风情旅游有机结合，建成全国最大的杨梅生态博物馆，集杨梅加工、杨梅文化、杨梅采摘于一体，形成十万梅山风光、百里苗侗画廊，实现了一二三产业高度融合。

案例十七　山东省潍坊市寒亭区现代农业产业园

一、建设背景

寒亭区创建现代农业产业园具有雄厚的产业基础和良好的发展环境。潍县萝卜、寒亭西瓜是山东省、潍坊市和寒亭区共同打造的农业重点品牌之一，营养保健价值高、质量有保障、品牌影响大、文化底蕴浓。2016年种植面积达5.8万亩，基本实现设施化、标准化生产，已认证潍县萝卜、开轩萝卜（西瓜）、郭牌西瓜等绿色食品38个，无公害农产品9个，国家地理标志产品3个，培育了光合农业、魏老汉农场、小乐果业、世泉专业等新型经营主体40余家。先后与美国加州大学戴维斯分校、荷兰瓦特宁根大学、以色列特拉维夫大学合作，建立了中美食品与农业创新中心、国际分子育种中心等科研平台，与中国农业大学、山东农业大学、潍坊学院、潍坊市农科院等国内高校建立了战略合作关系，推动国际国内农业科技创新要素集聚。为推进农民增收致富，产业园积极推行土地适度规模经营，开发农业休闲观光体验功能，开展萝卜（西瓜）采摘、观光体验、农家乐等多种休闲活动。

2017年9月5日，经县（市、区）申请、省级推荐、实地核查、现场答辩等公开竞争选拔，潍坊市寒亭区现代农业产业园获批为国家现代农业产业园。

产业园与中国食品谷、潍坊农业开放发展综合试验区“三区叠加”，中凯冷链物流园、中百大厨房、农商互联体验中心等一批产业项目在产业园内集聚，潍坊港、高铁北站、潍坊机场环绕园区，北海路贯穿园区，地理位置优越，交通便捷，设施健全，区位优势明显。

二、主要建设内容

山东省潍坊市寒亭区现代农业产业园总占地面积 90.7 平方千米，覆盖 68 个村，总人口数 52850 人，农村居民 11565 户、36656 人，耕地总面积 8.1 万亩。产业园内萝卜和西瓜种植面积分别达到 5.2 万亩和 3.8 万亩，年产值近 30 亿元。

产业园总体按照“一核、两基地、三中心、四平台”的结构进行布局建设。产业园抓住当前国家实施乡村振兴战略的有利时机，聚焦“产业兴旺”，围绕基础设施建设、旅游观光、田园综合体等方面，重点打造“五区一体”（技术集成示范区、现代农业服务体、高标准种植提升区、利益联结探索区、生态农业休闲旅游观光区、科技仓储物流聚集区）。同时，依托滨城公司成立惠农农业开发投资公司，配合街道吸引有实力的社会投资主体，推进产业园开发建设。依托中美食品与农业创新中心、中百大厨房、乡村振兴人才学院等机构，搭建要素集约、技术集成、资金集聚的重要平台，2018 年吸纳社会资本 20 亿元。

产业园 2018 年完成投资 21 亿余元，建设新品种、新技术、新模式、新装备的集中展示示范区。建设国际种子研发集聚区，5 年内将完成投资 50 亿元，2018 年投资 5 亿元建成 200 亩荷兰式玻璃温室。综合服务能力提升，建设 1.6 万平方米的现代农业服务体，完善综合服务功能，农业大数据平台上线运营。产业融合水平提升，建设虞河休闲观光带及 1000 亩生态农业观光采摘园，发展乡村旅游示范点 17 家，推进了农旅融合发展。

三、案例借鉴

（一）组织推进工作高效有力

山东省潍坊市寒亭区现代农业产业园获批创建后，区委、区政府成立了由主要领导任组长的创建工作领导小组，多次召开专题会议研究，安排部署创建工作，按时间段列出详细的工作计划配档表，倒排工期，加快推进速度。及时组建工作班子，成立寒亭区现代农业产业园管理服务中心，从区农业局、发展改革委等部门抽调精干力量集中办公，形成了“主要领导亲自抓、分管领导具体抓、各有关单位抓落实”的良好局面，使每一个环节工作都能够务实高效、有条不紊地推进落实；同时，认真组织编制了创建方案、建设规划和中央财政奖补资金使用方案。

（二）目标明确，扎实推进

产业园确定了阶段性创建目标，即一年有起色、两年见成效、四年成体系。按照现代农业产业园“生产 + 加工 + 科技 + 品牌营销”发展要求，将产业园建设成为品牌农业引领发展示范园、农民持续增收机制创新园、三次产业融合提质增效试验园、现代农业资源要素聚集综合体，实现产业园发展动力得到根本转变、产业结构更加优化、要素聚集更加丰富合理、农民收入保持持续稳定增长。

（三）抓住主导产业，打造全产业链

产业园围绕潍县萝卜、寒亭西瓜两大主导产业，积极打造集保鲜贮藏、精深加工、贸易流通于一体的全产业链发展格局，建设现代农业科

技孵化基地，推进土地适度规模经营，开发农业休闲观光体验功能，促进农民增收致富。

产业园以设施农业生产为主，实现了品牌化、标准化生产，水肥一体化、绿色防控及农产品质量安全监管全覆盖。产业园对萝卜和西瓜的深加工进行了探索。潍县萝卜脆、萝卜发酵饮料、西瓜脯、西瓜果酒等系列精深加工产品达到10余种，包装精美时尚，产品口味地道。2018年，潍县萝卜、寒亭西瓜初加工产品20余万吨、深加工3.3万吨，加工产值达12亿元，推进产业园加工业产值与种植业产值的比例达到了3∶1。

在产业园的辐射带动下，周边乡村旅游、休闲农业、农村电商等第三产业得到迅猛发展，投资7000万元新建了采摘观光基地、虞河农业观光带2000亩，发展乡村旅游示范点17家、农村电商200余家。

（四）积极探索建立适合潍城实际的农民利益增长联结机制

产业园力争形成看得见、可复制、可推广的潍城模式，通过“经营主体主建园区 + 有技术的农民生产经营 + 产品统一销售”，实现品牌效益共享，建立经营主体与农民利益共享的品牌共享联结机制。通过“经营主体输出生产经营模式 + 农民自建园区 + 产品统一购销”，实现生产机制共享，建立经营主体与农民利益的生产联合体，形成生产经营联结机制。通过“经营主体主建园区 + 小农户进园打工”，促进小农户变身为产业工人，实现产业园创建成果共享全覆盖，建立经营主体与小农户利益的增收联结体，形成带动小农户联结机制。通过“农村产权制度改革 + 公司化运营 + 股权量化到人”，实现财政奖补资金股权化，建立财政奖补资金直接到人并良性发展的股权量化联结机制。

推动农村土地流转、发展现代农业、实现规模经营是破解“三农”问题的关键。产业园由政府出面推动土地流转，实现流转土地规模化经营，在有效盘活农村土地资源的同时也实现了流转土地双方的互惠共赢，让农民一方面可以坐收土地流转资金，另一方面通过到园区务工实现工资收入，过上了双重收入的生活。

产业园推行“合作社 + 农户”“企业 + 基地 + 农户”“协议收购保民收益”等模式，2018 年园内农民人均可支配收入达 2.9 万元。推进资源变资产、资金变股金、农民变股东“三变改革”，实现土地租金收益 2000 万元，带动 3 个省定贫困村全部脱贫。

案例十八　山东省栖霞市现代农业产业园

一、建设背景

山东省栖霞市的苹果种植已有 120 多年历史，果园面积超过 100 万亩，果品年产量 22 亿公斤，产品不仅畅销国内，还出口美国、德国、新加坡等国家，苹果产业年总收入 120 亿元，苹果产业增加值约占全市 GDP 的 35%，农民人均纯收入的 80% 以上来自果业。

我国果品产业专业化、集约化、标准化水平低，产品成本高，利润低，严重制约果品产业发展，提档转型升级势在必行。

制约栖霞果业发展的因素主要有三个：一是大量果树超过 20 年更替周期后，仍在超龄“服役”，部分果树品质减弱，单产下滑；二是一家一户的小规模苹果园，果农年龄大，多数在 50 ～ 65 岁，管理模式落后，技术投入不足，影响产量；三是机械化程度不高，耗费大量的劳动力。目前，栖霞苹果的栽培面积达 100 多万亩，其中盛果期果园 70 多万亩，而老劣果园一度达到近 40 万亩。针对这些问题，栖霞市决策者想方设法寻求解决之道和突破之路。

山东省栖霞市国家现代农业产业园于 2017 年 9 月获批创建，是以苹果产业为重点的现代农业产业园，被列入山东省新旧动能转换重大工程重点建设内容。

二、建设内容

山东省栖霞市现代农业产业园以推进农业供给侧结构性改革为主线，以推动苹果产业转型升级、提高质量效益和国际竞争力为目标，按照“两片四园”的空间布局和“两基地两区”的功能定位，规划重点建设项目 7 大类、25 个。

产业园规划以“两片四园”为核心区，加一个辐射区。核心区分为南片和北片，总占地面积 150.8 平方千米，涉及 179 个行政村，38886 户，108716 人。南片包括 4 个镇，总面积 132.4 平方千米，主要充分发挥科技研发、苗木培育、规模化、标准化种植等优势，建设苹果标准化种植园 16.6 万亩。北片包括 2 个镇街，总面积 18.4 平方公里，充分发挥资源禀赋，要素集聚和业态丰富等优势，建设现代苹果精品展示园 1.7 万亩、苹果加工与物流园 2600 亩及农旅结合与文化创意园 8000 亩。

产业园建设苹果特色优势生产示范基地，打造现代化苹果种植管理技术及新品种研发推广示范引领区；建设苹果加工物流现代科技引领集成基地，打造苹果全产业链、全价值链生产要素集聚区；建设苹果一二三产业融合发展先导区，打造一二三产业相互渗透、交叉重组的融合发展区；建设新型经营主体创业创新孵化区，打造农民与各类返乡下乡人员创意创制启航区。

三、案例借鉴

（一）积极创新机制

栖霞在国家现代农业产业园创建中探索出了“双重推进、利益联结、土地流转、高效管理”四大机制，创新了“党组织＋合作社＋运营公司＋农户”的运行模式，将“政府引导、规模化生产、市场化运营”变为现实。

与传统单户生产的栽培、管理模式不同，新建的现代农业产业园采用政府引导、企业运营的双重推进机制，由栖霞市政府牵头成立山东果都现代农业有限公司，下设多个项目公司具体实施产业园建设。

（二）发展科技，优化苹果品种结构

栖霞市确立了“一年有起色、两年见成效、四年成体系”的目标。自 2017 年以来，该市围绕这个目标，从 6 个苹果主产镇街的 39 个行政村流转果农土地 1.13 万亩，栽植美国 G 系列抗重茬脱毒苹果苗木、M9T337 矮化自根砧苹果苗木及荷兰阿森泰克、富布瑞斯等新品种 116 万株。这些举措进一步优化了当地的苹果品种结构，极大提高了栖霞苹果的国际国内市场竞争力。

该市目前拥有年出圃量 500 万株的全国最大的工厂化组培脱毒苗木

生产基地1处、大型苗木繁育基地4处，年可出圃优质苗木2000多万株，新优品种覆盖率达到95%以上。这些大型脱毒苗木生产基地和繁育基地的建设，使得栖霞苹果育苗实现了工厂化。

新果园采用现代矮砧宽行密植集约模式，可以实现机械化作业，农业机械化率达到80%，既能降低劳动强度，又能节约生产成本。

（三）构建利益联结机制

现代农业产业园利益主体在于农村与农民。为最大限度地保障果农流转土地后的长远利益，栖霞积极创新农民利益联结机制，坚持多种模式为农、兴农、补农、贴农、惠农。政府出台相关政策，对老果园进行流转补助，农民通过土地流转入股到合作社还可取得二次分红。产业园的建设还为当地果农提供了良好的就业渠道，能够就近在产业园务工挣钱，可以说挣钱顾家两不误。具体来说，农户有两部分收入：一是流转土地的收入，按照流转的苹果地每年每亩折价 × 斤小麦、光板地每年每亩折价 × 斤小麦的市场价标准，发放基础股金，连续发放 × 年；二是分红的收入，根据约定，果园所得收益，其中 ×% 给入社农户。另外，村民们可以优先到产业园里打工，领到一份工资。村集体也有增收新渠道：首先是从果园所得收益中按一定比例分红；其次是土地成方连片改造之后，将多出的土地，折算成集体股参与分红。

（四）苹果深加工

山东省栖霞市现代农业产业园的建设，推动了苹果深加工的发展。

苹果酵素、脆片、浓缩果汁、苹果酒等一批项目建成投产。此外，产业园元古道场休闲观光园等相继开放，国内首家苹果拍卖中心采用比利时拍卖设备、技术和模式正式运营。

参考文献

白玉亮，2018. 沃野田畴奏欢歌——扎赉特旗创建国家现代农业产业园纪实［EB/OL］.（2018-12-28）［2021-07-04］. http://inews.nmgnews.com.cn/system/2018/12/28/012627729.shtml.

陈道琴，2018. 浅析我国农业信息化现状、问题及对策研究［J］. 商情（32）.

陈建志，王强，栾海超，2018. 栖霞：创建现代农业产业园 打造新模式［N］. 农村大众报，2018-11-06.

陈永旗，吴艾东，2019. 江苏省宿迁市泗阳县现代农业产业园·深加工提质菌产业［N］. 农民日报 .2019-03-22.

丁洪伟,2019. 吉林省集安市现代农业产业园创建结硕果（EB/OL）.（2019-04-08）［2021-07-03］. http://jl.ifeng.com/a/20190408/7382064_0.shtml.

谷维，2009. 加强农业科技开发与成果转化［J］. 黑龙江农业科学（1）：122-123.

广东省现代文化产业发展中心，2019. 现代农业产业园各省扶持政策一览［EB/OL］.（2019-08-15）［2021-07-03］. https://www.sohu.com/a/334048369_100020266.

李健，王婧，康平，等，2017. 我国农业物联网技术应用现状及发展对策研究［J］.

内燃机与配件（9）.

李勇军，2019. 四川省眉山市东坡区现代农业产业园：让东坡泡菜走向全国香飘世界［N］. 中国食品报，2019-03-19.

刘荣光，2008. 加强科技成果转化服务现代农业［J］. 宁夏农林科技（1）.

刘向东，赵伟华，2010. 农业信息化在农产品流通服务体系中的建设分析［J］. 科技传播（19）.

刘勇，2017. 大数据、云计算、人工智能等前沿技术加速布局农业［EB/OL］.（2017-03-27）［2021-07-03］. https://www.sohu.com/a/130483504_119689.

罗珊珊，涂涛，2018. 国家现代农业产业园全面助力脱贫攻坚［N］. 潜江日报，2018-11-26.

罗侠，于先哲，樊荣华，2019. 来宾市现代产业产业园榜上有名［N］. 广西日报，2019-01-06.

马志勇，贺莹莹，2019. 亚洲单体面积最大的智慧大棚——德州智慧农业产业园定植启用［N］. 齐鲁晚报，2019-09-23.

毛雪䴉，2019. 普洱又摘“国家牌”！思茅区现代农业产业园跻身首批国家现代农业产业园［EB/OL］.（2019-01-03）［2021-07-04］. http://puer.yunnan.cn/system/2019/01/03/030169262.shtml.

农业农村部发展规划司，2019. “接二连三”做强“黄金产业”：江西省信丰县现代农业产业园创建纪实［EB/OL］.（2019-04-02）［2021-07-04］. http://www.sohu.com/a/302497155_268469.

吴旋，2017. 黑龙江庆安入选首批创建国家现代农业产业园［EB/OL］.（2017-06-21）［2021-07-04］. http://www.jhs.moa.gov.cn/xdnyjs/201905/t20190510_6303422.htm.

谢礼，2017. 农业信息化建设的意义及特征分析［J］. 乡村科技（36）.

薛文华，常力强，2018. 向农业现代化的高标杆迈进——江苏省无锡市锡山现代农业产业园发展纪实［N］. 农民日报，2018-04-24（8）.

杨晓东，祁道鹏，胡瑞琪，2021. 小花生成致富“金豆豆”正阳县国家现代农业产业园获全国脱贫攻坚先进集体［N］. 河南日报，2021-02-28.

尹建芳，王纯一，龙星，2019. 立足特色让产业“大而优”［N］. 农民日报，2019-03-23（2）.

于志军，黄小龙，程鸿飞，2018. 潍坊市寒亭区：农村新型社区聚合振兴新功能［N］. 农民日报，2018-07-14（4）.

张耀西，吉安琪，张春丽，2018. 昂首迈向“国家队”——江苏泗阳现代农业产业园聚力创建国家现代农业产业园［N］. 经济日报，2018-07-12.